AF314723

Dom Norbert NIEUWLAND
DE L'ABBAYE DE MAREDSOUS
ET
Maurice TSCHOFFEN
PROCUREUR DU ROI A DINANT

La Légende des Francs-Tireurs de Dinant

Réponse au Mémoire de M. le professeur MEURER
de l'université de Wurzbourg.

GEMBLOUX

IMPRIMERIE J. DUCULOT, ÉDITEUR

1928

Hommage de la
Ville de Dinant

LA LÉGENDE DES FRANCS-TIREURS
DE DINANT

Dom Norbert NIEUWLAND
DE L'ABBAYE DE MAREDSOUS
ET
Maurice TSCHOFFEN
PROCUREUR DU ROI A DINANT

LA LÉGENDE
DES FRANCS-TIREURS
DE DINANT

Réponse au Mémoire de M. le professeur MEURER
de l'université de Wurzbourg.

GEMBLOUX

IMPRIMERIE J. DUCULOT, ÉDITEUR

1928

PRÉFACE

Dinant....., 23 août 1914.... Ce nom !..... et cette date !

Ils rappellent un forfait odieux entre tous, le massacre impitoyable, perpétré par les troupes saxonnes, de 674 Dinantais, hommes sans défense, vieillards, femmes et enfants.

Pour innocenter les coupables, l'Allemagne a créé la légende des francs-tireurs.

Elle a, durant la guerre déjà, publié un Livre Blanc *dans lequel elle a réuni les accusations portées contre la population dinantaise par ceux qui se sont faits ses bourreaux.*

Cela ne suffisait pas. Récemment, une commission du Reichstag a approuvé et couvert de son autorité un rapport du professeur Meurer, de l'Université de Wurzbourg, rééditant ces accusations, déjà réfutées cependant (1).

La répétition de ces calomnies pourrait induire en erreur ceux qui ne connaissent pas les faits.

Les Dinantais ont jugé qu'une réponse s'imposait. Ils ont confié le soin de la libeller à ceux que leur position et leurs écrits antérieurs désignaient tout particulièrement

---

(1) Voir notamment : 1º le *Livre Gris* publié par le Gouvernement belge en 1917. — 2º *Le Sac de Dinant et les légendes du Livre Blanc allemand,* TSCHOFFEN (1917). — 3º *Documents pour servir à l'Histoire de l'invasion allemande dans les provinces de Namur et Luxembourg,* SCHMITZ et NIEUWLAND (1919-1925).

pour cette tâche: Monsieur Tschoffen, Procureur du Roi à Dinant, et Dom Norbert Nieuwland, moine de l'abbaye de Maredsous.

Dans une forme très mesurée, mais ferme et nette, leur impressionnant mémoire fait bonne justice des légendes allemandes et remet la vérité en pleine lumière.

Conscients des devoirs que nous impose l'autorité dont nous sommes revêtus, nous estimons ne pouvoir permettre que, déplaçant les responsabilités, les Allemands coupables se posent en victimes, et présentent comme des assassins nos compatriotes odieusement massacrés.

Nous pouvons et nous devons le déclarer hautement : pas un de nos concitoyens ne s'est rendu coupable d'un acte hostile vis-à-vis de l'armée allemande.

Au nom de toute la population de Dinant, dont nous savons être les interprètes, devant l'Histoire, nous l'affirmons sur l'Honneur.

Dinant, 23 août 1928.

Pour les autorités communales :
L. SASSERATH,
Bourgmestre.

Pour les autorités judiciaires :
J. LAMOTTE,
Président du Tribunal.

Pour les autorités religieuses :
Chanoine **M. SCHILTZ,**
Curé-Doyen.

La Légende des Francs-Tireurs de Dinant.

LA QUESTION QUI SE POSE

Au moment où nous écrivons ces lignes, le Gouvernement allemand multiplie les démarches diplomatiques pour empêcher que soit projeté sur l'écran le film « Dawn » consacré à Miss Cavell. Il prétexte que le rappel des souvenirs de guerre raviverait entre les peuples les sentiments d'antagonisme et de haine qui doivent être abolis et remplacés par l'esprit d'apaisement et de concorde dont le monde a besoin.

On aurait une confiance plus grande dans la sincérité de ce souci, si, peu auparavant, le même Gouvernement allemand, envisageant la question sous un autre aspect, n'avait officiellement et publiquement renouvelé contre la population belge l'accusation d'avoir mené une guerre de francs-tireurs.

Monsieur Meurer, professeur à l'Université de Wurzbourg, chargé de faire un rapport sur cette guerre, en affirme l'existence (1). Une commission du Reichstag, pour qui ce rapport fut dressé, se borne à le faire sien, lui

---

(1) Le rapport du professeur Meurer porte le titre: *Der belgische Volkskrieg,* et a paru dans la collection des documents de la commission d'enquête de l'Assemblée nationale et du Reichstag allemand, 1919-1928. Troisième série : *Völkerrecht im Weltkrieg* 1914-1918, vol. II, pp. 141-260. Berlin, 1927.

conférant ainsi le caractère de « vérité officielle allemande ». Il y a loin de celle-ci à la réalité.

C'est la « vérité tout court » que nous entendons rétablir, en répondant dans ces pages aux affirmations du professeur allemand relatives aux prétendus francs-tireurs de Dinant.

Pour connaître les faits avec certitude, inutile d'attendre cette enquête internationale que le Gouvernement allemand proposait naguère à la Belgique et que le Gouvernement belge a sagement refusée. A ceux qui voudraient voir dans ce refus la crainte des résultats d'une pareille enquête, nous rappellerons les différentes propositions d'enquête contradictoire faites pendant la guerre du côté belge.

A plusieurs reprises, la Commission officielle belge d'enquête sur les violations du Droit des Gens a exprimé le vif désir du Gouvernement belge de voir le Gouvernement allemand consentir à l'institution d'une commission internationale d'enquête.

En septembre 1914, une proposition semblable fut faite par les socialistes belges aux socialistes allemands, et par M. Magnette, Grand-Maître du Grand-Orient de Belgique, aux grandes loges d'Allemagne.

Le Cardinal Mercier lança une proposition analogue dans sa fameuse lettre pastorale de Noël 1914.

Le 12 avril 1915, Monseigneur Heylen, évêque de Namur, demanda au Gouverneur militaire de Namur l'institution d'une commission d'enquête bilatérale ou internationale ; il réitéra sa demande le 7 novembre suivant dans une lettre adressée au Gouverneur Général von Bissing.

Le 24 novembre 1915, une offre plus solennelle encore fut faite par les six évêques belges dans leur *Lettre collective à l'épiscopat d'Allemagne, de Bavière et d'Autriche-Hongrie.*

En mars 1916, le professeur J. Massart, de l'université de Bruxelles, fit une nouvelle proposition aux 93 signataires de l'*Appel des intellectuels allemands* (1).

Et nous passons sous silence d'autres propositions qui eurent un caractère moins officiel ou moins solennel (2).

Toutes ces propositions se heurtèrent à un refus, ou à une fin de non-recevoir.

On peut s'étonner de ce qu'après une opposition aussi persistante et aussi générale à l'idée d'une enquête contradictoire, le Gouvernement allemand la reprenne au-

------

(1) Nous rappelons ici que dans sa brochure intitulée *Wider den Aufruf der 93*, le Dr Hans Wehberg, professeur de Droit international à Berlin, qualifie le manifeste allemand : « Un document de bêtise humaine » (*Ein Dokument menschlicher Dummheit*). Et, s'appuyant sur une correspondance échangée avec les signataires du manifeste, il déclare que sur les soixante-quinze encore en vie en 1920, seize seulement maintiennent leur point de vue. En l'occurrence, la science allemande est donc prise en défaut !

(2) Il est intéressant de noter qu'en septembre 1914, deux propositions d'enquête internationale furent faites en vain — l'une par le sénateur néerlandais Van Kol, l'autre par M. Vliegen, président du parti socialiste hollandais — au bureau du parti socialiste allemand, ou au député socialiste Scheidemann. L'offre d'enquête fut donc à trois reprises déclinée par les socialistes allemands.

En décembre 1915, la société suisse *Pro Luce et Jure* adressait à la Belgique et à l'Allemagne une proposition d'enquête contradictoire. La Belgique accepta ; l'Allemagne opposa une fin de non-recevoir. La demande suisse avait un caractère international, ayant été faite au nom de groupements importants appartenant à cinq pays, tous neutres à cette époque : la Suède, la Hollande, les Etats-Unis, le Brésil et la Suisse.

jourd'hui, alors qu'une partie des témoins sont morts ou disparus, que les souvenirs de beaucoup d'autres sont devenus vagues, incertains, erronés parfois ; qu'enfin la plupart des constatations matérielles sont devenues impossibles. Le Gouvernement allemand devrait cependant se rendre compte de ce que, actuellement, une enquête ne peut plus aboutir à des résultats probants.

Une enquête nouvelle est d'ailleurs superflue.

Il y a des enquêtes belges ; il y a des enquêtes allemandes. Elles sont publiées. Leur étude suffit pour résoudre la double question qui se pose : les faits mis à charge des armées allemandes sont-ils vrais ; trouvent-ils une excuse dans la conduite de la population de Dinant ?

Notre accusation à nous tient en peu de mots : quelques faits, ils sont brutaux ; quelques chiffres, ils sont tragiques.

Voici le sinistre bilan des crimes commis à Dinant par l'armée allemande :

A) Dans la nuit du 21 au 22 août, meurtre d'un homme et d'une femme et incendie volontaire des maisons de la rue Saint-Jacques, qui coûta la vie à cinq personnes, entre autres à une femme de 80 ans et à un garçon de 12 ans (1).

B) Le 23 août :

1º Enlèvement de presque toute la population, suivi d'une détention de plusieurs jours.

---

(1) Ces chiffres et ceux qui suivent sont extraits de la liste des victimes publiée dans le 5ᵐᵉ volume de l'ouvrage du Chanoine SCHMITZ, secrétaire de l'Evêché de Namur et de Dom Norbert NIEUWLAND de l'abbaye de Maredsous : *Documents pour servir à l'histoire de l'invasion allemande dans les provinces de Namur et de Luxembourg.* 8 volumes illustrés (1919-1925). Ouvrage couronné par l'Académie française. (La quatrième par-

2° Pillage et incendie volontaire de la plus grande partie de la ville.

3° Utilisation de civils, hommes, femmes et enfants comme bouclier.

4° Meurtre de 602 personnes.

5° Enlèvement et détention pendant trois mois à la prison de Cassel (Allemagne) de 416 hommes et jeunes gens ; emprisonnement à Marche pendant un mois de 29 religieux ou ecclésiastiques.

Est-ce vrai, tout cela ?

La plus grande partie de la ville a-t-elle été détruite par l'incendie ? De nombreuses photographies des ruines de Dinant ont été prises et reproduites. Actuellement encore on peut, en parcourant nos rues, distinguer les maisons reconstruites de celles qui existaient avant guerre. Nous n'avons pas besoin d'autres témoins.

La liste lugubre publiée dans Schmitz et Nieuwland (*op.cit.*), dit le nom, le sexe, l'âge et la profession des **six cent soixante-quatorze victimes** (1). Parmi celles-ci, il y en avait 92 du sexe féminin, dont 18 étaient âgées de 60 à 88 ans, et 16 n'avaient pas 15 ans ; 76 hommes avaient 60 ans et plus, 22 garçons étaient âgés de moins de 15 ans. Donc 94 vieillards et 38 enfants, dont 14 ne dépassaient pas l'âge de 5 ans. La plus âgée des victimes avait 88 ans, la plus jeune trois semaines !

On trouve dans les registres de l'Etat-Civil la preuve authentique de l'exactitude de tous ces chiff.es, preuve

---

tie de cet ouvrage est consacrée au *Combat de Dinant* et comprend deux volumes : t. IV. *La conquête de la Meuse* ; t. V. *Le sac de la ville*.)

(1) Deux le 15 août ; sept la nuit du 21 au 22 ; 602 le 23 ; 58 les jours suivants ; enfin cinq disparus.

à laquelle les tombes de nos cimetières apportent une tragique confirmation.

Le *Livre Blanc* (1), publié pendant la guerre pour disculper les troupes allemandes, notamment à propos des événements dont Dinant fut le théâtre, se borne à dire au sujet de l'exactitude des accusations belges :« *Elles* (les relations belges) *rapportent uniquement et avec une exagération intentionnelle ce que nos troupes ont fait pour se défendre* ».

Il se garde, et pour cause, de spécifier en quoi consiste cette exagération.

Quelques lignes plus loin il ajoute : « *Sans doute, il est profondément regrettable qu'à la suite des événements du 23 et du 24 août la florissante ville de Dinant et ses faubourgs aient été en grande partie brûlés et ruinés, et qu'un grand nombre de vies humaines aient été anéanties* » (p. 124).

De ces aveux officiels allemands, que M. Meurer n'essaye pas de rétracter, il appert que, dans leur ensemble, nos accusations sont vraies. C'est un premier point acquis.

---

(1) Le *Livre Blanc* allemand est intitulé : *Die völkerrechtswidrige Führung des belgischen Volkskriegs*. (« Le caractère non conforme au droit des gens de la guerre populaire belge. »)

En tête du *Livre Blanc* figure un « Mémoire », daté du 10 mai 1915, émanant du Département impérial des Affaires Etrangères. Abstraction faite de ce mémoire d'introduction, le *Livre Blanc* est l'œuvre du Bureau Militaire d'Enquête sur les violations du Droit de la guerre.

Il contient quatre «Aperçus généraux »(*Zusammenfassender Bericht*), relatifs aux événements dont furent le théâtre les villes d'Aerschot, d'Andenne, de Dinant et de Louvain ; ainsi que, sous forme d'« Annexes » (*Anlagen*), des extraits de journaux de guerre ou de rapports militaires, et des dépositions d'officiers, de médecins et de soldats.

Les événements de Dinant y sont classés sous la rubrique C, et, après l'*Aperçu général*, les *Annexes* sont numérotées de 1 à 87.

Il en reste un second à examiner, et c'est sur celui-là que les Allemands font porter leur défense : la conduite des troupes allemandes se justifie-t-elle par la participation au combat de la population de Dinant ?

Pour résoudre cette question, nous n'opposerons pas enquête à enquête, témoignage belge à témoignage allemand. Ainsi traité, le problème resterait insoluble. C'est par les seuls documents officiels allemands, *Livre Blanc* et rapport du professeur Meurer, par quelques données topographiques et quelques rares constatations matérielles encore vérifiables, que nous établirons la vérité.

Non, quoi qu'en dise l'Allemagne, nous le savons et nous l'affirmons, comme toute la population de Dinant le sait et l'affirme : il n'y a pas eu à Dinant un seul franc-tireur.

UN COMPLOT IMPOSSIBLE

Les sanglants événements de Dinant se sont déroulés principalement le 23 août pendant la bataille que les Allemands, occupant la rive droite de la Meuse, livrèrent aux troupes françaises pour forcer le passage du fleuve. C'est cette même rive qui fut le théâtre principal de la tragédie.

Une ville de près de quatre kilomètres de longueur avec une largeur de 300 mètres à peine aux endroits où elle est le moins étranglée, bordée sur un de ses flancs par un fleuve large et profond, dominée de l'autre côté par des rochers dont l'ennemi tient tous les endroits accessibles et envahie sur toute sa longueur, ne paraît guère propice aux embuscades de francs-tireurs. Telle est cependant la topographie de Dinant.

En 1914, la population était de 7890 âmes ; si nous en déduisons les habitants de la rive gauche et ceux des propriétés éparses dans la campagne, les militaires présents sous les drapeaux, les nombreux habitants qui avaient fui devant l'invasion, nous pouvons estimer de 4 à 5.000 le nombre des personnes présentes le 23 août dans l'agglomération sur la rive droite de la Meuse, celle dont nous nous occuperons dans les événements que nous allons étudier.

Sur ce nombre, combien étaient capables de prendre les armes ? Quinze cents ? Deux mille peut-être ? Ils auraient livré bataille à l'armée ennemie aux prises avec les troupes françaises. Contre eux les Allemands ont mis en ligne : 4 régiments d'infanterie de ligne (nos 103, 177, 178, 182), un régiment de fusiliers (no 108), deux régiments de grenadiers (nos 100 et 101) et deux bataillons de chasseurs (nos 11 et 12), soit sept régiments et deux bataillons d'infanterie ! L'« Aperçu général » du *Livre Blanc* les mentionne tous. Il nous apprend aussi qu'il y eut dans la fournaise des pontonniers. Des déclarations d'officiers signalent la présence de cavalerie. Enfin, l'artillerie lourde dut venir à la rescousse de l'artillerie de campagne.

Tout cela contre 2000 combattants luttant sans cohésion !

Mais comme ils se multipliaient ! Ils sont dans tous les bois, ils garnissent les flancs des côteaux, s'embusquent dans des grottes. Il y en a dans toutes les maisons, plusieurs presque toujours, tirant des lucarnes, des fenêtres, des soupiraux et aussi de leurs meurtrières. Ils succombent dans des luttes isolées ; on en arrête des quantités, on en fusille en groupes ; des cadavres gisent partout dans les rues, et ils trouvent encore du monde pour occuper en force des fabriques où la mort seule pourra les vaincre. Quand les troupes, ayant fouillé les maisons et fait place nette, réussissent à progresser, elles sont attaquées dans le dos et les détachements qui les suivent, trouvent la même résistance et recommencent la même tuerie.

Impuissants à vaincre cette poignée de tirailleurs, les fiers régiments allemands sont obligés de battre en retraite, honteusement chassés de leur conquête par des bourgeois armés de revolvers ou de fusils de chasse.

Battre en retraite ! Opération compliquée ; l'opiniâtreté des Dinantais accroche si bien les troupes allemandes, qu'il faut à celles-ci six longues heures pour rompre le combat ; ordonnée à 10 heures du matin, cette retraite n'a pu commencer que vers 3 heures et demie de l'après-midi. Alors les puissants projectiles de l'artillerie lourde s'abattent sur la ville. Les maisons s'écroulent dans les flammes, ensevelissant sous les ruines les défenseurs de la cité indomptable.

Quand cet écrasement fut accompli, croyant avoir ville gagnée, les régiments enhardis revinrent. Demeurés inébranlables sous les obus, les francs-tireurs reprennent la lutte. On en voit même qui, dans les caves de leurs maisons en flammes, sous l'ensevelissement qui les menace, brûlent leurs dernières cartouches. Et les Allemands se remettent à leur courageuse besogne, fusillant, sans se lasser, quiconque leur est suspect. Le soir tombe ; la nuit s'épaissit. Inébranlables, héroïques, les francs-tireurs com-

PLAN DE DINANT

ÉCHELLE : 1/10.000

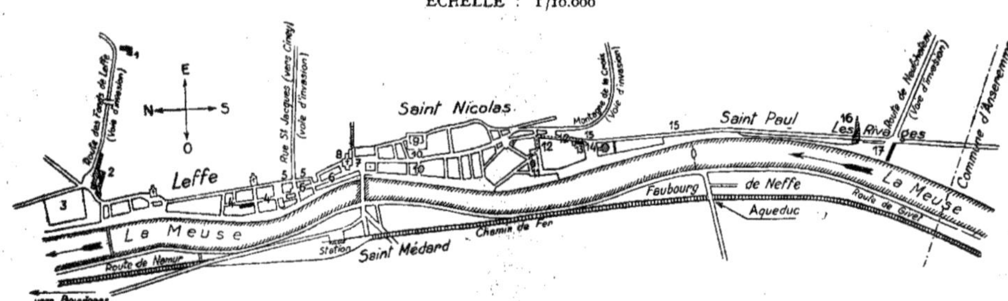

LÉGENDE

1. Ancienne papeterie.
2. Abbaye des Prémontrés.
3. Manufacture de Tissus.
4. Rue des Tanneries.
5. Rue Petite.
6. Rue Adolphe Sax.
7. Grand'Place.
8. Eglise collégiale.
9. Palais de Justice.
10. Rue du Palais de Justice.
11. Propriété Bouille.
12. Vers la Prison.
13. Endroit de la fusillade ordonnée par le comte Kielmannsegg.
14. Prison.
15. Endroits où les civils furent placés comme boucliers.
16. Rocher Bayard.
17. Endroit de la fusillade ordonnée par le major Schlick.

battent toujours ! Il en restait encore le lendemain, épars de ci de-là. Le mardi 25, les derniers survivants de cette phalange sanglante tiraient leurs derniers coups de fusil.

Tous ces détails d'une lutte inouïe sont consignés dans le *Livre Blanc*. Le mensonge est ici poussé jusqu'à la sottise ; son exagération dépasse le but (1).

M. le professeur Meurer croit à ce récit, malgré son invraisemblance.

Nous verrons plus loin combien sont inexactes les dépositions où nous en avons puisé les détails. Pour le moment, constatons seulement que la furieuse bataille, prétendûment engagée par les Dinantais, ne se conçoit même pas sans une organisation préalable.

Les Allemands devaient donc, car le mensonge constitue un engrenage fatal, affirmer l'existence de cette organisation. Ils l'affirment

L'« Aperçu général » porte : « *L'impression d'ensemble qui se dégage de ces événements est que cette résistance de la population civile de Dinant et de ses faubourgs contre les troupes allemandes résulte d'un plan prémédité* » (p. 121). « *Cette organisation*, est-il dit un peu plus loin, *se distinguait par sa préparation minutieuse et par sa grande extension* » (p. 122). Et M. Meurer emboîte le pas.

Mais les rédacteurs du *Livre Blanc* et M. Meurer se rendent compte de ce que, pour convaincre, il ne suffit pas d'entasser fable sur fable. Il faut présenter des preuves. Et voilà que, de nouveau, l'engrenage fatal les happe.

Ils présentent comme preuves trois nouvelles affirmations. Ce sont trois nouvelles inventions.

---

(1) TSCHOFFEN. *Le Sac de Dinant et les légendes du Livre Blanc allemand du 10 mai 1915*, pp. 87 ss.

1º Les maisons avaient été mises en état de défense, portes et fenêtres barricadées, des meurtrières y étaient pratiquées (1). Cela est faux, sans quoi on donnerait les photographies de ces maisons. Si le Gouvernement allemand, qui a tant soigné sa propagande de guerre et publié des centaines de clichés documentaires, n'a pas reproduit les photographies des maisons percées de meurtrières, c'est que ces maisons n'existaient pas. On ne laisse pas échapper l'occasion de fournir la preuve matérielle des faits que l'on avance et que l'on sait si énergiquement contestés.

Objectera-t-on que ces maisons ont été brûlées, parce que servant de repaires aux francs-tireurs ? La réponse est facile : le plan détaillé de Dinant, indiquant en noir tous les immeubles incendiés et en hachures les maisons subsistant, plan publié par Schmitz et Nieuwland, montre qu'il y eut des zones épargnées par les flammes et précisément là où le nombre des fusillés est le plus grand : à Leffe et au quartier Saint-Nicolas. Les maisons préparées pour le combat devaient donc y abonder. Pendant l'occupation, les Allemands n'auraient eu nulle difficulté à les photographier.

2º « *Il est démontré* (!)... (que) *des repris de justice libérés et armés spécialement à cet effet* » participaient aux attaques de la population ! « *Les repris de justice mobilisés par les autorités belges ont également ouvert le feu d'un couvent, bien que le drapeau de la Croix-Rouge y fût arboré, mais sans toutefois le consentement des autorités ecclésiastiques.* »

---

(1) « Aperçu général » et nombreuses dépositions reproduites dans le *Livre Blanc*.

C'est M. le professeur Meurer qui révèle ce fait (p. 250). Il l'a trouvé, dit-il, dans les enquêtes de la Cour Suprême du Reich sur les événements de Dinant.

Ces contes sont le pendant des bruits qui ont circulé à Dinant au commencement de la guerre, attribuant les abominations commises dans la ville à des régiments de bandits recrutés dans les prisons allemandes. Tant en Allemagne qu'en Belgique, ces histoires de brigands sont des inventions d'imaginations enfiévrées qui ajoutent au tragique des événements. Si l'on conçoit que des esprits peu avertis s'y soient laissés prendre un instant, on ne peut s'empêcher de sourire de la crédulité persistante du professeur allemand.

Des repris de justice libérés par les autorités belges pour servir comme francs-tireurs ! Autant d'affirmations, dont chacune suppose une enquête établissant : 1º l'identité des individus visés ; 2º le fait de leur incarcération et celui de leur libération. Enquêtes faciles d'ailleurs. L'identité établie, incarcération et libération trouvaient leur preuve authentique dans nos registres d'écrou. Les Allemands ont eu ceux-ci à leur disposition pendant les quatre années durant lesquelles ils ont régné en maîtres dans nos prisons. Comment ne reproduisent-ils pas cette preuve ?

3º « *Le capitaine baron von Hammerstein, tué depuis, a montré au docteur en droit Pinther, à cette époque lieutenant à la 7e compagnie du 100e régiment, un placard trouvé à Dinant portant environ dix à quinze signatures, qui invitait la population à la résistance contre les troupes allemandes* » (1). Ainsi l'écrit le professeur Meurer (p. 249).

---

(1) Il serait intéressant de savoir si le lieutenant Pinther était à même

Le capitaine von Hammerstein, qui, au milieu du combat, avait le loisir de s'intéresser aux affiches placardées sur les murs, en trouve une dont l'importance le frappe. Il prend la peine de la recueillir ; il la montre à ses subordonnés. Par contre, lors de l'enquête faite dans son régiment au sujet des événements de Dinant, il laisse ignorer cette affiche aux enquêteurs. Il ne la livre pas aux autorités allemandes pour que soient recherchés et punis les signataires du placard, provocateurs de la guerre des francs-tireurs, ou pour que des sanctions soient prises contre les autorités dinantaises qui, par une coupable tolérance tout au moins, auraient laissé cette affiche étalée sur les murs de la ville ! En fin de compte le document disparaît.

Trois fois les Allemands auraient eu l'occasion de fournir la preuve de leurs dires : preuve matérielle par la photographie ; preuve authentique par des extraits de registres officiels ; preuve écrite enfin et signée par les coupables. Trois fois ils l'auraient laissé échapper. On n'est pas maladroit ou négligent à ce point !

Ni le *Livre Blanc*, ni M. Meurer ne fournissent d'autres indices du complot dont ils affirment l'existence. La preuve qu'ils ont tenté d'en faire échoue lamentablement. Elle devait échouer : il n'y a pas eu de complot.

Il n'a pu y en avoir.

Pour exécuter ce complot, il aurait fallu des armes. Au

---

de lire et de comprendre le placard. Le capitaine v. Hammerstein, lui, n'en paraissait guère capable : il connaissait trop peu le français. C'est lui qui commandait l'escorte des 416 Dinantais emmenés pour être emprisonnés à Cassel ; c'est à l'aide d'un interprète qu'il devait leur donner ses ordres.

premier appel de son bourgmestre, dès le 6 août 1914, la population s'était dessaisie de celles qu'elle possédait (1).

Les avis du Gouvernement et des autorités locales défendant la participation des civils aux combats, indiquaient les sanctions redoutables que déchaînerait toute violation de ces prescriptions. Les Dinantais connaissaient donc les graves dangers auxquels ils se seraient exposés en attaquant les troupes allemandes. Une précaution indispensable s'imposait à eux : soustraire à ce danger les femmes et les enfants en les mettant en sécurité derrière les troupes françaises, ou tout au moins sur la rive gauche de la Meuse. Ils n'en ont rien fait.

Il a été relevé, dans le 20ᵉ rapport de la Commission Belge d'enquête, que de nombreuses patrouilles allemandes et des cavaliers isolés ont parcouru Dinant à partir du 6 août déjà, et jusqu'au 21 août (2). Pas une de ces patrouilles, pas un de ces hommes ne fut attaqué par les Dinantais. Les rédacteurs du *Livre Blanc* et M. Meurer le savent et le reconnaissent implicitement en n'articulant à ce propos aucun grief contre la population.

Personne n'admettra que les habitants qui respectent les patrouilles ou les cavaliers isolés, victimes toutes désignées de francs-tireurs, attendent, pour attaquer l'ennemi, qu'il se présente en masse.

Les rédacteurs du *Livre Blanc* ont-ils cru au complot dont ils cherchent à accréditer la légende ? Il est permis

---

(1) Voir dans SCHMITZ et NIEUWLAND, *op. cit.*, vol. V, page 27, photographie d'un journal du 9 août 1914, reproduisant l'avis du bourgmestre qui ordonne ce dépôt.

(2) SCHMITZ et NIEUWLAND, *op. cit.*, vol. V, pp. 32, 33, 34 et 43 indiquent toutes ces incursions.

d'en douter quand on constate qu'à Dinant même, dès le lendemain des incendies et des massacres, les autorités allemandes se sont conduites comme si elles n'y croyaient pas.

Les Allemands n'eurent pas coutume de ménager les personnages occupant une situation officielle, coupables d'avoir manqué à ce qu'ils considéraient comme des devoirs envers eux. Il est évident que quiconque, à Dinant, détenait, par sa situation ou ses fonctions, une parcelle de l'autorité publique, ou y jouissait d'une certaine influence, aurait nécessairement été compromis dans le complot : par complicité pour ne l'avoir pas dénoncé ou réprimé, tout au moins par incapacité pour ne l'avoir pas connu. Le châtiment ne se serait pas fait attendre de la part des Allemands. Il eût été légitime. Or, que voyons-nous ?

Au cours des massacres, le commissaire de police et ses agents ont été tués, confondus avec la masse des victimes. Ont seuls survécu : le commissaire-adjoint et deux gardes-champêtres. Ils ont continué à faire la police de la ville. Les conseillers communaux n'ont pas cessé d'exercer leur mandat. Les tribunaux ont, san obstacle, tenu leurs audiences. Les membres du clergé paroissial n'ont été entravés dans leur ministère que par une détention de trois jours, la même que celle dont furent victimes les habitants non déportés. Les autres prêtres de la ville, détenus à Marche pendant un certain temps, sont remis en liberté et l'autorité allemande reconnaît leur innocence.

Le bourgmestre, un échevin, des magistrats, arrêtés au cours de la « rafle », sont emprisonnés à Cassel. Ils étaient depuis plusieurs jours en cellule quand les geôliers, s'informant de l'identité des détenus, apprennent, en même temps que leurs noms, leur qualité. Rapatriés avec les autres otages après une captivité de trois mois, ces magistrats administratifs et judiciaires reprennent immédiatement l'exercice de leurs fonctions, sans opposition de l'occupant. Bien mieux, ils sont traités avec déférence : on les dispense rapidement de l'humiliante formalité d'un appel hebdomadaire imposée à tous les prisonniers revenus de Cassel.

Bref, nul d'entre ceux qui, à raison de leurs fonctions ou de leur influence, auraient dû être rendus responsables du soi-disant complot, ne fut inquiété de ce chef. Tous gardèrent, au su de l'occupant, l'autorité que nos institutions leur accordent.

Oubli, mansuétude, pardon ? Allons donc !

Il n'y a pas eu de complot, on le sait à Berlin aussi bien qu'à Dinant. Le *Livre Blanc* soutient le contraire. La conduite tenue par les Allemands à Dinant après les journées de sang, de flammes et de pillage lui donne un démenti formel. La question est tranchée (1).

L'EMPLOI DES PLOMBS DE CHASSE.

La participation des civils au combat, telle que la présente le récit allemand, avait pour condition indispensable un plan prémédité et une préparation minutieuse. Cette double condition ne s'est pas réalisée, nous l'avons vu ; le récit est donc inexact.

---

(1) Tschoffen, *op. cit.*, pp. 66. ss. Voir Schmitz et Nieuwland, *op. cit.*, t. V, pp. 265 ss.

Ajoutons que cette lutte aurait fatalement entraîné certaines conséquences qui ne se sont pas produites.

« *Il fallut*, dit l'« Aperçu général », *prendre d'assaut chaque maison, souvent au moyen de grenades à mains, pour déloger les habitants qui s'y étaient nichés des caves aux greniers et qui, de leurs cachettes, faisaient feu de toutes les armes possibles* » (p. 118).

Dans cette lutte âpre et farouche on ne pouvait guère chercher à faire des prisonniers. « *Si les civils résistaient, on devait immédiatement faire usage des armes* », dit le lieutenant-colonel comte Kielmannsegg, du régiment des grenadiers du roi n° 100 (annexe 7).

Pour venir à bout d'adversaires décidés, tapis dans des cachettes et faisant feu de toutes les armes possibles, on n'avait d'ailleurs pas d'autre moyen que de les tuer sur place. C'est dans leurs maisons, pendant qu'ils les défendaient les armes à la main, que les francs-tireurs devaient succomber les uns après les autres. Ce résultat était fatal. Eh bien ! Ce n'est pas ainsi que les choses se sont passées. Très rares sont les habitants tués dans les maisons. La liste des victimes publiée par Schmitz et Nieuwland établit que les quatre cinquièmes d'entre elles ont succombé lors de fusillades collectives et sous les balles de pelotons d'exécution. La plus grande partie des autres ont été tuées isolément dans les rues.

En second lieu, des francs-tireurs munis de fusils de chasse auraient blessé un grand nombre d'Allemands à l'aide de plombs. Ceci, non plus, ne s'est pas produit, et cependant dans une bataille de rues, contre des troupes prenant d'assaut chaque maison, on tire de près. La proportion des coups qui portent est énorme : même pour un tireur inexpérimenté un homme dans ces conditions est une cible facile. Des centaines de francs-tireurs armés de fusils de chasse, luttant du matin jusqu'au soir, ont dû tirer des milliers de cartouches et infliger à l'ennemi des pertes considérables en blessés surtout, car, même à quatre ou cinq mètres de distance à travers l'épaisseur des vêtements militaires, les plombs de chasse blessent, mais ne tuent guère. Les blessures sont caractéristiques : le but est criblé comme une écumoire.

Les rédacteurs du *Livre Blanc* se sont rendu compte de l'importance qu'il y avait pour eux à rechercher ces blessés et leurs dépositions. Voici tout ce qu'ils ont trouvé :

1º Un sous-officier a vu sept cadavres, dont « quelques-uns » avaient des blessures provenant de plombs. Il a aussi vu un fusil dans la crosse duquel *un* plomb avait pénétré (annexe 58).

2º Un officier a vu un homme blessé par des plombs, qui a succombé à ses blessures (annexes 36).

3º Un soldat a reçu *un* plomb dans la figure (annexe 72).

4º, 5º, 6º. Trois hommes disent avoir été blessés par des plombs (annexes 11, 54 et 57). Le dernier précise qu'il avait été atteint au bras et avait en outre un plomb à la cuisse et un au pied. Cela n'est pas exact. Une pareille dispersion des plombs suppose un coup de feu tiré à une portée telle que les plombs de chasse n'auraient plus percé les épais vêtements militaires et surtout la lourde botte allemande.

En l'absence de tout détail, les autres dépositions citées plus haut sont incontrôlables. On voit cependant à quel point une vérification serait nécessaire. Elle le serait d'autant plus que, s'il est facile de reconnaître au nombre des blessures un coup de fusil à plombs tiré de près, il est impossible, quand un homme porte seulement deux ou trois blessures, d'affirmer qu'elles proviennent de plombs lorsque l'on n'a pas pu examiner ceux-ci après extraction.

Et les médecins ? Les Allemands n'en ont-ils pas entendu ? Si, deux. L'un, bien que peu affirmatif, déclare qu'il a constaté « *des lésions permettant de conclure à des blessures de fusils non militaires (plombs de chasse)* » (annexe 55).

L'autre raconte incidemment que « *des habitants faisaient feu à l'aide de plombs et de chevrotines* » (annexe 67). Il ne parle pas des blessures qu'il aurait constatées.

C'est tout ce que le *Livre Blanc* donne à ce sujet. Ses rédacteurs ont cependant relevé les moindres faits qu'ils ont pu trouver : un homme blessé d'*un* plomb ; *un* plomb dans la crosse d'un fusil. Cela équivaut à un procès-verbal de carence.

Heureusement pour la thèse allemande, le professeur Meurer est là, qui vient à la rescousse.

« *En outre il est à remarquer qu'à beaucoup de cartouches de chasse dont on se servait dans le combat, les rondelles d'obturation en carton étaient enlevées, les plombs extraits et remplacés par des éclats de verre, des clous, des morceaux de métal, de la terre et du sable, après quoi on y replaçait les petits couvercles* » (p. 251).

Les lignes qui précèdent ne sont pas une charge, mais une citation textuelle et M. Meurer ajoute : « *Ceci a été* **plusieurs fois** (1) *constaté par le médecin-major Dr Claus-*

______

(1) C'est nous qui soulignons.

nitzer et le médecin en chef de réserve Dr Zeiss en soignant des blessés. Le premier a vu également de semblables cartouches dans les maisons. Au major Thierig on a enlevé d'une blessure au genou, en lui faisant une opération, un clou courbé et rouillé. »

Nous prions M. le Professeur Meurer d'être assuré que les conceptions des Dinantais en matière de tir ne sont plus celles de leur enfance et qu'ils ne croient plus à l'excellence des projectiles que, faute de mieux, Robinson Crusoé employait dans son île !

Personne, à Dinant, n'a jamais imaginé que l'on pût vaincre ou seulement gêner l'armée allemande en lui tirant des cartouches chargées de sable.

Mais tous ces projectiles hétéroclites, les médecins les ont « *plusieurs fois constatés dans les blessures* », dit M. Meurer.

Quel argument en tirer contre les Dinantais ? Aucun. Tout le monde sait, sauf peut-être le savant universitaire allemand, que les obus, en explosant, projettent avec une force qui les rend très capables de blesser, du sable, de la terre et l'infinie variété d'objets voisins du point de chute de l'obus. Des milliers de soldats ont été ainsi blessés dans les tranchées. Jamais personne n'en a conclu que les armées en présence chargeaient leurs fusils de sable et de clous.

Reste une affirmation : un médecin a vu dans des maisons des cartouches ainsi chargées. Il faut bien admettre, puisqu'on l'affirme, qu'au milieu du combat un médecin allemand s'amusait à fureter dans les maisons et à autopsier des cartouches au lieu de s'occuper de ses blessés. Induit en erreur par une circonstance que nous ne parvenons pas à deviner, il s'est trompé dans ses constatations, ou bien il a menti. Cette supposition est permise : le *Livre Blanc* donne assez de preuves du cynisme avec lequel certains officiers allemands osent se parjurer.

L'histoire du prétendu bombardement de Dinant en est un exemple frappant ; nous allons le voir.

UN BOMBARDEMENT IMAGINAIRE

Dinant, disent les habitants, fut incendiée intentionnellement, maison par maison.

Pour les Allemands, l'incendie est la suite d'un bombardement imposé par les nécessités de la lutte contre les francs-tireurs. Cette version cherche un double résultat : innocenter les troupes du reproche d'incendie volontaire qu'on leur adresse et prouver la violence des attaques de la population. Elle est mensongère :

1° Ni les maisons de Dinant (rive droite) demeurées debout, ni les ruines des maisons incendiées n'ont jamais porté trace de bombardement. Dès le 6 novembre 1915 Monseigneur Heylen, évêque de Namur, le signalait dans une lettre adressée au Gouverneur Général von Bissing (1).

2° Les obus auraient tué indifféremment hommes, femmes et enfants. Or, à Leffe, sur 312 victimes il n'y a que 9 femmes et 5 enfants de 14 ans ; au centre de la ville et au quartier Saint-Nicolas, 7 femmes seulement et 3 enfants sur 154 victimes.

3° Sous le bombardement les Dinantais se seraient naturellement réfugiés dans leurs maisons, et c'est là

---

(1) *Livre Gris* belge, p. 473.

que la mort les aurait surpris. Sous le formidable amas de décombres d'une ville réduite en cendres, il eût été impossible d'en retrouver les restes calcinés et de les identifier. Or, on a retrouvé les corps de 669 personnes et cinq seulement n'ont pu être identifiés (1).

Si nous passons à l'examen des documents allemands, nous constatons cependant que de nombreux rapports affirment formellement le bombardement de la ville. Il est vrai que rien n'égale leur confusion au sujet des détails de cet événement.

Pour l'Etat-Major du XIIe corps, l'armée avait ville gagnée dès 9 heures 25, « *les troupes ayant réussi à avancer jusqu'à la Meuse* » ; aussi, à **10 h. 20, il donnait l'ordre de passer le fleuve** (annexe 1).

Par contre, le rapport de la 46e brigade porte : « *Le commandant de la brigade, estimant que la ville ne pouvait être prise sans un bombardement préalable d'artillerie, donna, à* **10 heures du matin, l'ordre d'évacuer la ville si possible.** *On ne le put, car les troupes étaient trop fortement engagées dans les combats de maisons* » (annexe 12).

Désaccord manifeste de la 46e brigade avec l'Etat-Major du corps d'armée dont elle dépend.

Des deux régiments de cette brigade l'un, le 108e, en opposition aussi bien avec l'Etat-Major du corps d'armée qu'avec le commandant de la brigade, déclare : « *Les deux commandants des régiments 108 et 182 acquirent la conviction que, sans le secours de notre propre artillerie, on ne parviendrait pas à atteindre la Meuse et, à* **3 h. 30, ils**

---

(1) Cinq autres personnes sont portées sur la liste des victimes sous la rubrique « disparus ».

donnèrent le signal de la retraite. *A 5 heures, le bombardement de la ville commença* » (annexe 12).

Les constatations de la brigade et l'ordre qui en était résulté à 10 heures du matin, se transforment, pour ces deux officiers, en une initiative qu'ils prennent à 3 h. 30 de l'après-midi.

Dans le rapport du régiment des grenadiers n° 100, il n'est plus question d'évacuation : la ville fut bombardée, alors qu'elle n'était pas encore dans son entièreté aux mains des Allemands (annexe 6).

Autre version dans le rapport du 48ᵉ régiment d'artillerie de campagne : la ville, évacuée à partir de 3 heures, est prise sous le feu de l'artillerie à 5 heures (annexe 20). Par une inexplicable lenteur, on a laissé deux heures de répit aux francs-tireurs !

On lit dans le rapport du 1ᵉʳ groupe du 12ᵉ régiment d'artillerie de campagne : « *Lorsque l'après-midi, notre infanterie se fut retirée de Dinant, le groupe reçut l'ordre d'incendier la ville en la bombardant. Au bout de peu de temps, l'ordre arriva de cesser le feu. A six heures du soir, notre infanterie avait en sa possession les hauteurs de la rive Ouest de la Meuse* » (rive gauche) (annexe 19).

Singulièrement laborieuses d'abord, les opérations se déroulent ensuite avec une prodigieuse rapidité : à 10 heures du matin, ordre d'évacuer la ville ; à 3 heures de l'après-midi, exécution de cet ordre ; **à 5 heures, commencement du bombardement.** Celui-ci s'achève, les troupes se précipitent dans la ville, la traversent malgré les francs-tireurs, toujours embusqués, passent la Meuse, chassent les Français et, à 6 **heures, couronnent les hauteurs de la rive gauche Le tout a duré 60 minutes.**

En retard sur les événements, le lieutenant Brink raconte qu'**à 7 heures du soir** il était fort pressé ; il avait *« ordre strict d'évacuer promptement Dinant, à cause du bombardement imminent de la ville »* (annexe 5) !

A toutes ces affirmations contradictoires, il suffira d'opposer un fait : sauf en un endroit peut-être, les troupes allemandes n'ont pas quitté Dinant ! Pour le prouver avec clarté, divisons la ville en secteurs d'après les régiments qui y ont opéré.

Du Nord au Sud, ces secteurs sont :

1º FAUBOURG DE LEFFE. — Dès le matin, le régiment d'infanterie nº 178 y fait invasion et le combat, qu'il y engage à la fois contre les Français occupant la rive gauche du fleuve et contre les francs-tireurs, dure toute la journée. Pas la moindre mention d'un répit dans la lutte contre ces derniers ne se trouve ni dans le rapport de combat du régiment, ni dans ceux des diverses compagnies de cette unité, ni dans les déclarations nombreuses des officiers et soldats de ce régiment. Au contraire, un de ces témoins, le capitaine Wilke, de la 6e compagnie, plus abondant que d'autres en indications horaires, raconte ses opérations dans Leffe à midi, dans le cours de l'après-midi, vers 5 heures, vers la fin de l'après-midi, et enfin tard dans la soirée. (Annexe 26.)

2º LE QUARTIER SAINT-JACQUES (de Leffe à la Grand'Place). — Théâtre des opérations des régiments 108 et 182, il fut converti presque entièrement en un océan de flammes. Des rapports de ces unités, il résulte que ces régiments se seraient retirés de la ville pour en permettre le bombardement (annexe 12). L'Etat-Major du XIIe corps saxon dit tout autre chose : « *La 46e brigade d'infanterie* (1) *avait dû être retirée sur les hauteurs de la rive Est, parce qu'il était impossible de séjourner dans la ville en flammes* » (annexe 1). Ce retrait des troupes n'a donc pas eu lieu pour permettre le bombardement et l'embrasement de la ville ; il a été la conséquence des incendies criminels préalablement allumés. L'Etat-Major du XIIe corps ignore tout du bombardement de Dinant : il ne fait pas la moindre allusion à cette opération militaire, qui, cependant, n'aurait pas été sans importance.

3° DE LA GRAND'PLACE A LA RUE DU PALAIS DE JUSTICE. — Il n'y a pas de témoignage allemand relativement à cette partie de la ville. Les Allemands n'y ont pas pénétré le 23 août. Il n'y eut donc ni combat contre des francs-tireurs, ni prétexte à bombardement. Ce n'est que le 24 que les habitants y furent inquiétés et les habitations incendiées.

4° LE CENTRE DE LA VILLE ET LE QUARTIER SAINT-NICOLAS. — Le lieutenant-colonel Kielmannsegg, du régiment du Roi n° 100, déclare formellement que *de 8 heures du matin à 8 heures du soir,* trois compagnies de son régiment y furent continuellement engagées dans la lutte contre les francs-tireurs (annexe 7).

5° AUX RIVAGES. — Les Allemands arrivent tard ; ils fouillent, à différentes reprises, les maisons et leurs opérations s'y poursuivent sans arrêt.

Les Allemands n'ont donc pas pu bombarder la ville

---

(1) Régiments 108 et 182.

sans tirer en même temps sur leurs propres troupes. On ne sait trop ce dont il faudrait le plus s'étonner : du courage qu'auraient montré ces troupes résistant à la fois, et victorieusement, au feu des Français, aux attaques incessantes des francs-tireurs et au tir de leur propre artillerie; ou bien de la tranquille audace avec laquelle les rédacteurs du *Livre Blanc* se moquent de leurs lecteurs.

Indépendamment des contradictions flagrantes que nous venons de signaler, quelle créance méritent ces dépositions ?

Discutant la valeur relative des témoignages belges et des témoignages allemands, Monsieur Meurer écrit : « *Lorsque des officiers et des soldats, qui sont dressés en service au plus strict souci de la vérité et qui étaient loin de se sentir coupables, ont donné des informations de service et fait des déclarations sous serment au sujet de constatations personnelles, ces témoins méritent la préférence* » (p. 193).

C'est aux militaires qui ont dévasté Dinant, que les enquêteurs allemands défèrent le serment sur le point de savoir s'ils sont des coupables ou non ! Les placer ainsi entre leur intérêt et leur conscience est nettement immoral. C'est une véritable provocation au faux témoignage. Il ne faut pas oublier cet élément, si l'on veut apprécier sainement les enquêtes allemandes.

Il est un autre aspect de la mentalité des troupes allemandes qui ne doit pas non plus être perdu de vue. Excitées par la presse d'Outre-Rhin qui accusait les Belges d'atrocités, énervées par leurs officiers les mettant en garde contre des attaques probables de la population, les troupes devaient faire peser sur la tête des Dinantais tous les incidents imprévus de la bataille, tous les faits inquiétants ou inexpliqués. Les Allemands ont envahi Dinant, l'esprit faussé par une idée préconçue. Elle a dirigé leur conduite, elle influe sur leur témoignage. Nous entendons le témoignage de ceux qui sont sincères.

LA NUIT DU 21 AU 22 AOUT 1914.

Dans la nuit du 21 au 22 août, les Allemands dirigèrent sur Dinant une reconnaissance en force. Elle se composait d'un bataillon du 108me régiment de fusiliers et d'une compagnie de pionniers. Ces troupes envahissent la rue Saint-Jacques et arrivent jusqu'à la Grand'Place, au bord de la Meuse. « Cinq personnes carbonisées, un homme tué sur le coup, une femme morte le surlendemain des suites de ses blessures, plusieurs autres civils grièvement blessés, bon nombre de maisons incendiées, beaucoup d'autres endommagées, tel est le bilan de l'opération à l'égard de la population » (1).

Voici comment les rapports des deux unités engagées dans cette affaire présentent les faits (2) :

— Extrait du Rapport de combat du régiment des fusiliers n° 108 :

« Lorsque les derniers éléments du IIme bataillon eurent atteint les premières maisons de Dinant, on entendit brusquement *un coup de feu*

____

(1) SCHMITZ et NIEUWLAND, *op. cit.*, vol. V, page 48.

(2) Il serait fastidieux de reproduire une à une toutes les dépositions de l'enquête allemande. Nous nous contenterons d'examiner les principales d'entre elles et spécialement les rapports de combat des unités engagées. Ils paraissent compter parmi les documents les plus importants.

de signal. Immédiatement après, la fusillade crépita de tous côtés. On tirait de toutes les maisons, des éclairs partaient de tous les flancs des collines percées de caves et de souterrains. Toutes les maisons étaient solidement barricadées. On essaya d'y pénétrer. Quand les crosses et les haches étaient impuissantes, des pionniers jetaient à l'intérieur des grenades à main. Dans une maison formant coin, *des mitrailleuses étaient établies.* » (Annexe 2.)

— Extrait du Rapport de combat de la 1e compagnie de campagne du bataillon des pionniers n° 12.

« Dès que les premières maisons de Dinant furent atteintes, l'*éclairage public fut détruit.* Les colonnes s'avancèrent en longeant de près les rangées de maisons. C'est ainsi qu'on arriva à la première rue de traverse. Ici, *on tira soudain très vivement d'une maison* formant coin à droite, sur les pointes de l'infanterie ; il fut riposté immédiatement à ce feu. Tout à coup, on tira de toutes les maisons et un chaud combat de rue s'engagea. Au moyen de haches et de cognées, les pionniers brisèrent les portes closes, jetèrent des bombes à main dans les pièces inférieures des maisons et en incendièrent d'autres à l'aide de torches allumées entretemps. » (Annexe 3.)

Avant d'examiner l'essentiel de ces deux documents, signalons, dans le second, un exemple typique d'interprétation tendancieuse des faits : les troupes se trouvèrent dans l'obscurité parce que, dit-on, l'éclairage aurait été détruit à leur arrivée. Le fait de l'absence d'éclairage est vrai. La raison qu'on en donne, ne l'est pas ; dès les premiers jours de l'approche des Allemands, par mesure de précaution, les cloches du gazomètre avaient été vidées.

Dans le rapport du régiment des fusiliers, nous relevons un détail mensonger : des mitrailleuses dans une maison.

L'« Aperçu général » dit que « le bataillon s'avança jusqu'au pont » (p. 117). Pour cela, les troupes durent descendre toute la rue Saint-Jacques, puis prendre sur leur gauche une rue perpendiculaire. Elles auraient donc défilé à l'aller et au retour dans une rue barrée par le feu de plusieurs mitrailleuses et auraient dû subir de ce chef des pertes énormes. Sur ce grave incident le rapport de combat des pionniers garde le silence. Cela suffit, nous paraît-il, à faire justice de l'allégation. On se demande d'ailleurs comment des civils auraient pu se procurer ces mitrailleuses.

Arrivons au point essentiel. Les deux documents cités rapportent en substance qu'à un signal donné les ouvertures des maisons se garnirent instantanément de francs-tireurs, la fusillade faisant rage ; on tirait aussi des collines percées de caves et de souterrains.

Dans la tranchée où, sous la garde attentive des sentinelles, les soldats dorment d'un sommeil inquiet, vêtus, équipés, leurs armes à portée de la main, une troupe aguerrie par de longs mois de campagne jalouserait une si merveilleuse promptitude ; l'attribuer à des bourgeois surpris à l'improviste, c'est se heurter à une impossibilité matérielle.

Prévoyant cette objection, les rédacteurs du *Livre Blanc* écrivent : « *Il était évident que cette attaque de la population était faite d'après un plan prémédité, qu'on avait eu connaissance à Dinant de la reconnaissance allemande et qu'on avait utilisé dans cette attaque toutes les mesures prises de longue main à cet effet; cela résulte, entre autres, du fait qu'il y avait des meurtrières dans un grand nombre de maisons et de murs* ». (« Aperçu général », p. 117.)

Le plan prémédité, les préparatifs de défense, ce sont des contes dont nous avons déjà fait justice. Ils sont insuffisants d'ailleurs pour expliquer comment, à point nommé, dans la nuit du 21 au 22 août, la population se trouve debout, les armes à la main, prête à la résistance.

Acculés par la difficulté, les Allemands sont obligés de recourir à une autre explication et déclarent *évident* qu'à Dinant on avait été prévenu de la reconnaissance allemande.

Allégation sans preuve, imaginée de toutes pièces à Berlin, à laquelle aucun témoignage allemand ne fait allusion, même à titre purement hypothétique. Affirmation démentie par le bon sens : on n'imagine pas l'État-Major allemand gardant si mal le secret de ses projets, que les habitants de Dinant aient pu en être instruits. Affirmation qui ne résout pas la difficulté mais la déplace seulement, en substituant une invraisemblance à une impossibilité. « Evidence » dont on ne peut fournir ni indice ni preuve, sauf l'attitude des habitants tous en armes pour attaquer la reconnaissance... ce qui est précisément le point à démontrer. Le cercle vicieux.

Il est donc impossible que l'attaque des troupes allemandes par la population ait eu le caractère de généralité qu'on lui prête ; nous considérons ce point comme établi.

Reste l'hypothèse de coups de feu épars tirés par des francs-tireurs isolés.

Un sous-officier du service de santé affirme que « *derrière les hommes qui faisaient feu des fenêtres, on voyait des têtes de femmes* » (annexe 59).

Un autre témoin aurait vu une vieille femme faire feu (annexe 60).

Le seul officier entendu déclare formellement n'avoir pas vu les tireurs (annexe 5).

On conviendra que les deux seuls témoignages d'hommes qui prétendent avoir vu les francs-tireurs faire feu, ne suffisent pas comme preuve. L'un des deux d'ailleurs se détruit par son exagération même : il est absolument invraisemblable qu'un seul homme ait vu un nombre indéterminé de francs-tireurs, quand tous les autres ensemble auraient réussi seulement à découvrir une vieille femme attaquant les troupes allemandes.

Mais si l'on n'a pas vu les tireurs eux-mêmes, n'a-t-on pas aperçu la lueur de leurs coups de feu ?

Comme nous l'avons vu, « les troupes s'avançaient en longeant de près les rangées de maisons » (annexe 3). Dès qu'éclatèrent les coups de fusil attribués aux francs-tireurs, « il fut riposté immédiatement à ce feu ».

Les Allemands ont tiré : c'est un fait. On a donc vu les éclairs de leur tir. Comment distinguer celui-ci du tir des civils ? Uniquement par la direction et la localisation des coups de feu.

La direction. — Complétant et précisant les indications allemandes, le 20me rapport de la Commission belge d'enquête porte : « *Ils (les Allemands) marchent sur deux files, le long des maisons, celle de droite surveille les maisons de gauche et inversement, tous le doigt sur la gachette et prêts à faire feu* ». Chacun tire naturellement sur les maisons qu'il observe, par conséquent d'un côté à l'autre de la rue. Les francs-tireurs devaient tirer de chez eux vers l'extérieur. La direction du tir allemand et du tir belge aurait donc été la même.

La localisation. — Pour tirer, les Allemands — bon nombre d'entre eux tout au moins— étaient placés contre les habitations, puisqu'ils s'avançaient en les longeant de près. Les bouches des fusils des francs-tireurs, s'il y en eut, sortaient des fenêtres ou autres ouvertures des maisons. Les points de départ des coups de feu, allemands ou belges, se localisent par conséquent de façon presqu'identique. Dans ces conditions, pour distinguer entre une fusillade partant des maisons et le tir d'hommes placés contre celles-ci, des observations attentives et minutieuses s'imposaient. Rien ne prouve qu'elles aient été faites et que les Allemands, pour accuser les civils, ne s'en soient pas rapportés à leur impression première : on tire des maisons.

Les premiers coups de feu, ceux qui ont déclanché la fusillade, sont ceux sur l'origine desquels il importerait surtout d'être fixé. Les Allemands, qui prétendent en avoir été l'objet, doivent savoir d'où ils furent tirés et comment. Ils semblent cependant l'ignorer.

D'accord pour les attribuer à la population, les deux rapports de combat se contredisent formellement pour le surplus. Pour l'un, il y eut *un coup de feu de signal* ; pour l'autre, ce fut *un tir violent parti d'une maison* qui déchaîna la fusillade générale. Ici encore nos adversaires sont en défaut de faire la preuve qui leur incombe.

Enfermés dans leurs maisons quand la fusillade a éclaté, les habitants n'en ont jamais connu l'origine et ne pouvaient la connaître.

Pour nous, préoccupés seulement de faire œuvre positive, nous ne tenterons pas de fournir de ces premiers coups de feu une explication que nous ne connaissons pas. Il nous suffira de constater qu'il n'est pas prouvé qu'ils aient été tirés par des habitants.

Une dernière affirmation reste à examiner : les Allemands auraient eu dans cette affaire des morts et des blessés.

C'est possible. On n'en peut tirer argument contre la population. Les troupes françaises occupaient l'autre rive de la Meuse ; leurs balles pouvaient arriver rue Saint-Jacques. Ces troupes sont intervenues par leur fusillade et même par leur artillerie. Cela est affirmé dans un rapport français reproduit par Schmitz et Nieuwland (*op. cit.*, vol. V, p. 45), et il serait invraisemblable que les Français aient assisté impassibles à l'opération allemande sans même chercher à l'inquiéter.

Pour disculper leurs troupes de la responsabilité des méfaits qu'elles ont commis pendant la nuit du 21 au 22 août, les Allemands devaient établir la culpabilité des habitants. Cette preuve n'est pas faite et les Allemands sont impuissants à la faire.

AU FAUBOURG DE LEFFE, LE 23 AOUT 1914

« *Cette attitude de la population civile*, lit-on dans le « Livre Blanc », *laissait prévoir que les habitants prendraient également part à la lutte dans les opérations qui allaient suivre.*» (« Aperçu général », p. 118.)

Rien n'est terrible comme les suspicions nées d'un préjugé ! Elles laissent les malheureux, qui en sont l'objet, sans défense, livrés à toutes les incertitudes et à toutes les erreurs du hasard, du trouble des combattants ou de leur colère. Les ordres qu'elles engendrent sont des condamnations sans appel. C'est ainsi que le sous-lieutenant Schreyer pouvait, sans recevoir de reproches, raconter à son chef qu'ayant aperçu « *de la canaille suspecte* », il avait tiré dessus ! (Annexe 26.)

Pauvres gens ! On ne les accuse d'aucun acte contre

l'armée allemande, mais il suffit de les qualifier de « canailles » pour en faire des suspects et l'on s'autorise de cette injure pour leur envoyer des coups de fusil ! Ce n'est là qu'un incident dans les terribles événements qui ont eu pour théâtre le faubourg de Leffe (1).

Dans celui-ci et dans le quartier Saint-Jacques, que nous y joindrons pour la facilité du récit, il y eut *trois cent douze victimes*. Peu de femmes : neuf seulement ; et cinq enfants de 14 ans et moins. Les femmes et les enfants furent épargnés et « *conduits au couvent* », disent nombre de dépositions. Le commandant de la 7e compagnie du régiment 178 ajoute : « *couvent qui m'avait été désigné auparavant comme destiné à ce but* » (annexe 28). Le mémoire du professeur Meurer attribue au général d'Elsa l'ordre relatif aux femmes et aux enfants.

Le commandant de la 7me compagnie avait reçu un autre ordre qu'il rapporte : « *Fusiller tous les hommes qui seraient trouvés les armes à la main* ». Il ne semble pas qu'il fût entré dans les prévisions du commandement que l'on pût trouver des hommes valides restant étrangers à la lutte : on ne relate pas d'instruction les concernant (2). Aussi, tout homme tombant aux mains des troupes fut impitoyablement fusillé. Pas une des dépositions allemandes ne signale qu'un seul d'entre eux eût été épargné. Si une dizaine d'hommes (3) échappèrent à la mort, c'est

---

(1) Le faubourg de Leffe et aussi quelques maisons de Bouvignes ; celles-ci font, en réalité, partie de l'agglomération dinantaise, quoique dépendant administrativement d'une autre commune.

(2) Seuls, quelques *vieillards* furent épargnés. (Annexes 26 et 31.)

(3) Exception faite des Pères Prémontrés, qui ne sortirent cependant pas tout à fait indemnes de la tourmente : deux furent tués dans des circonstances restées mystérieuses. Le Père Abbé dut verser séance

qu'on ne les découvrit pas dans les cachettes insoupçonnées où ils avaient trouvé refuge.

Après avoir déclaré qu'« *il y avait lieu d'admettre que la population prendrait part à la lutte* », l'« Aperçu général » ajoute : « *De même que le 21 août, la population paraissait savoir que l'attaque du corps d'armée allait avoir lieu et elle s'était préparée en conséquence* » (p. 118).

Sous l'empire de ce préjugé la crainte des francs-tireurs devint pour les Allemands une obsession leur enlevant, semble-t-il, toute faculté de raisonnement. Un exemple : le rapport du régiment 108 porte : « *Dans la soirée et la nuit les francs-tireurs firent encore continuellement feu. Ils se trouvaient dans des bosquets et derrière des murs sur le flanc de la vallée. Ils y arrivaient par des galeries dans les roches, galeries à nous restées inconnues et dans lesquelles ils disparaissaient ensuite.* » (Annexe 12.)

Des coups de feu éclatent dans la nuit. Ils résultent vraisemblablement d'une fausse alerte causée par une sentinelle trop énervée. On les attribue néanmoins à des francs-tireurs que l'on reconnaît ne pas avoir vus. Comme on cherche en vain ceux-ci, il serait logique d'admettre que l'on a fait erreur. On s'en garde bien, mais on imagine de dire que les francs-tireurs ont disparu dans des galeries souterraines. Le comble est que les Allemands ne découvrent pas non plus celles-ci, dont ils persistent à affirmer l'existence. Comment ont-ils songé à ces galeries ? Sur un mur de Leffe se trouvait peinte en grandes lettres une réclame « *Grottes de Reimpaine* ». Ils auront remar-

---

tenante une rançon de 15.000 francs et tous les religieux furent emmenés prisonniers à Marche, où ils restèrent un mois en captivité. (Voir SCHMITZ et NIEUWLAND, *op. cit.*, vol. V, pp. 80 et 259.)

qué cette inscription et saisi cette circonstance pour expliquer la disparition des francs-tireurs introuvables. Quant aux grottes, si les Allemands ne les ont pas découvertes, c'est qu'ils les ont mal cherchées. Elles s'ouvrent à plus d'un kilomètre de là, sur l'autre rive de la Meuse ! (1)

Nous connaissons la mentalité des troupes allemandes envahissant le faubourg de Leffe. Voyons maintenant comment elles présentent les événements dont la responsabilité incombe pour la plus grande partie au 178me d'infanterie, colonel von Reyter.

Deux documents sont spécialement intéressants à ce sujet. Ce sont :

1° Le Rapport du IIme bataillon du régiment 178, où nous lisons :

« ...le bataillon continua alors sans obstacles sa marche vers la Meuse. Lorsque l'avant-garde atteignit le fleuve, le feu fut ouvert sur elle de la rive opposée. Les maisons, qui étaient fermées, durent être ouvertes de force par les compagnies de première ligne, afin que l'on pût, des jardins s'étendant derrière ces maisons, prendre sous le feu l'ennemi posté sur l'autre rive. La population semblait n'avoir attendu que ce moment, car, soudain et de tous côtés, un feu de fusils et de pistolets se déchaîna sur nous... » (Annexe 25.)

2° La déposition du sous-lieutenant Kipping commandant de compagnie du 178me, qui s'exprime comme suit :

« ... La compagnie entra vers huit heures à Leffe où régnait, à la suite du tir continu, une agitation extrême. On ne voyait que peu de civils dans les rues. Ceux-ci en levant les mains donnaient tous à connaître leurs sentiments pacifiques... Peu après notre arrivée à Leffe, le major Fränzel apporta au commandant de compagnie l'ordre du commandant de brigade de fusiller tous les hommes qui seraient trouvés les armes à

____

(1) Elles sont actuellement connues sous le nom de « *La Merveilleuse* ».

la main. Il désigna une longue rangée de maisons dans lesquelles on devait rechercher les hommes et ajouta à titre d'explication, que les habitants de la ville avaient, par derrière, tiré sur notre ligne de tirailleurs. Le capitaine Gause m'ordonna de procéder avec ma section aux perquisitions dans les maisons. Je le fis avec un détachement. Nous trouvâmes toutes les maisons fermées. Comme notre invitation d'ouvrir restait régulièrement sans réponse, nous dûmes partout forcer l'accès des maisons... » (Annexe 28.)

Ces deux documents constatent un fait d'une importance capitale : au moment de l'arrivée des troupes, l'attitude de la population est correcte. Aussi, c'est uniquement par suite des nécessités de la lutte contre les Français ou par mesure préventive à l'égard des habitants, que l'on envahit les maisons, et c'est l'ordre de les assaillir qui déchaîna la violence. Pour forcer l'accès des habitations, les façades, les fenêtres étaient criblées de balles, pendant qu'à coup de haches on enfonçait les portes. A cet emploi de la violence, à l'usage des armes, le soldat associera fatalement l'idée de bataille et il conclura de celle-ci que les habitants, contre lesquels il opère, sont des francs-tireurs. Ce raisonnement s'impose d'autant plus à l'esprit des troupes, qu'il concorde avec la préoccupation qui les hante depuis leur entrée à Dinant : la crainte d'une attaque de la population.

Sous l'empire de ce préjugé initial et sous l'impression des circonstances, tous les faits seront désormais dénaturés et les raisonnements faussés ; les indices se transformeront en preuves et les suspicions en certitude ; les hypothèses seront prises pour des réalités. C'est là toute la genèse des événements sanglants qui vont se dérouler dans le faubourg de Leffe.

Une fois les maisons envahies, les habitants sont livrés aux impressions de la soldatesque : massacrés sur place,

— 46 —

si les envahisseurs les soupçonnent d'un geste de résistance ou, dans le cas contraire, arrachés de chez eux,
puisque l'ordre est de vider les maisons.

Des prisonniers, deux groupes sont partout formés.
L'un comprend les femmes et les enfants, qui doivent être
conduits au couvent. Dans le second seront les francs-
tireurs, c'est-à-dire les hommes valides, tous sans exception. Les officiers ont une consigne : « fusiller tous les
francs-tireurs ». L'ordre est impitoyablement exécuté (1):
aucun homme valide tombé aux mains des troupes n'é-
chappe au massacre.

L'attitude que le *Livre Blanc* prête à la population est
d'une invraisemblance complète. Personne, en effet, ne
comprendra pourquoi les gens de Leffe, décidés à attaquer
les Allemands, auraient attendu, pour commencer le feu,
le moment où leurs habitations étaient à demi envahies.
C'est ainsi pourtant qu'ils auraient agi ; cela résulte du
rapport du sous-lieutenant Kipping, cité plus haut, et
cela est dit formellement dans le rapport du IIme bataillon du régiment 178 rapporté ci-dessus.

A en croire de nombreuses dépositions allemandes (2),
dès l'instant où ils ne sont plus à l'abri derrière leurs
portes closes, les francs-tireurs mettent bas les armes au
lieu de se défendre jusqu'à la mort. Cette tactique serait

-----

(1) Les annexes 23, 24, 25, 27, 28, 30 etc., signalent des exécutions
en groupes faites sur l'ordre des officiers.

(2) Celle-ci, entre autres : « *J'ai pris part personnellement à l'assaut
de 8 à 10 maisons. Elles présentèrent toutes le même tableau : coups partis
des fenêtres ; portes d'entrée fermées, de façon qu'on devait les enfoncer ;
tous les hommes sans insignes militaires et armés de fusils de chasse.
Dès que nous pénétrions dans la chambre, ils laissaient tomber leurs
armes et levaient les bras.* » (Annexe 31.)

d'autant plus surprenante que, ils le savent, se rendre, c'est se livrer aux balles du peloton d'exécution.

Le sous-lieutenant Richter raconte :

« ... un coup de feu isolé fut tiré d'une ferme. Un soldat de la Ire compagnie du régiment fut blessé. Sur l'ordre du capitaine Wuttig, on fouilla la ferme. Environ 14 civils mâles furent arrêtés, sur lesquels on trouva des armes et des munitions pour fusils de chasse, des pistolets, etc. Un garçon de 13 à 15 ans fut laissé en liberté à cause de son âge ; les 13 autres personnes furent fusillées. » (Annexe 35.)

De ces 14 francs-tireurs, un seul aurait tiré un unique coup de fusil. Les autres ne se servent de leurs armes ni pour attaquer ni pour se défendre. Ils ne se seraient armés que pour donner aux Allemands une raison de les fusiller ! La vérité est que, ni là, ni ailleurs, les habitants n'étaient armés, et cette déposition serait du domaine de la fantaisie, si le meurtre des victimes du capitaine Wuttig n'était une sanglante réalité (1).

Il est bien d'autres dépositions du même genre dans l'enquête allemande ; celle qui suit, notamment, et que nous citons à cause de son étonnante précision : « *J'ai vu*, dit le soldat Hund, *le fils de l'avocat Adam, âgé de 12 ans environ, faire feu sur moi et sur deux camarades au moyen d'un revolver. Mes deux camarades furent blessés.* » (Annexe 62.) Réentendu, ce témoin confirme sa déclaration, indique comment il a identifié l'enfant et ajoute que celui-ci a été fusillé. Réponse : l'avocat Adam n'a qu'un fils ; il est actuellement âgé de 38 ans, et ne se trouvait pas à Leffe le 23 août. Le fils Adam est le seul « franc-tireur » dont l'enquête allemande cite le nom.

---

(1) Voir Schmitz et Nieuwland, *op. cit.*, t. V, pp. 57 ss.

Les abords d'une ancienne fabrique appelée « *La Pape-terie* » furent choisis comme lieu d'exécution. Divers déta-chements y amenèrent leurs prisonniers pour être fusillés. Il y eut là 68 victimes. Ces exécutions, ces monceaux de cadavres ont impressionné les troupes allemandes. Une légende s'est formée. La fabrique, auprès de laquelle avaient eu lieu ces massacres, s'est transformée en un repaire de francs-tireurs et tout le monde veut sa part des combats qui s'y seraient prétendûment livrés. Aussi l'enquête allemande fait prendre d'assaut et fouiller cette fabrique à trois reprises successives :

1º Par la 9me compagnie du régiment 178 : vingt francs-tireurs sont pris et fusillés. (Rapport de combat du IIme bataillon. Annexe 25.)

2º Par les chasseurs de Marbourg : ils fusillent une vingtaine d'hommes. Le capitaine Wilke l'a vu et le déclare. (Annexe 26.)

3º Par la 7me compagnie du régiment 178 : elle fusille quelques hommes. (Déclaration du capitaine comman-dant la compagnie. Annexe 27.)

Il est même possible qu'il faille voir dans l'annexe 32, le récit d'un nouvel assaut de la fabrique par la 6me compagnie du même régiment.

Si le professeur Meurer avait plus sérieusement étudié le *Livre Blanc*, il aurait cherché à comprendre comment des francs-tireurs pouvaient constamment reparaître dans cette fabrique. N'y parvenant pas, il garderait peut-être moins de confiance dans les dires des militaires allemands « faisant des déclarations en service ».

Signalons enfin le témoignage du médecin militaire Lange, du IIIme bataillon du régiment d'infanterie 178 :

Il parcourut les rues à cheval, dit-il, *et continuellement on tira sur lui des maisons, surtout des caves.* (Annexe 71.) Ni homme ni cheval ne semblent avoir été atteints. Peut-être tirait-on avec les cartouches chargées de sable dont parle le professeur Meurer ! Ce médecin installa à Leffe un poste de secours et y travailla jusque 11 heures du soir. Le nombre des blessés allemands y était à ce moment de 80, dit le témoin. Du silence qu'il garde au sujet des blessures à l'aide de plombs ou de balles de revolvers, on peut inférer qu'il n'en a pas constaté (1).

Avant de clore le chapitre sur les événements de **Leffe**, nous tenons à dire un mot des deux fusillades collectives qui eurent lieu devant l'abbaye des Prémontrés, autrement dit le « *Couvent* » d'après les dépositions allemandes.

De grand matin, bon nombre d'habitants s'étaient réfugiés à l'abbaye, d'autres y avaient été conduits par les Allemands. On croyait que c'était une pensée d'humanité qui poussait l'ennemi à mettre ainsi à l'abri les non-combattants.

Vers 10 heures du matin, un officier donna ordre de rassembler dans les cloîtres tous les hommes. Ceux-ci se groupèrent au nombre de 43. L'officier les fit sortir ; lorsque le dernier eut franchi le seuil, la porte se referma et on entendit aussitôt des coups de fusil en feu de peloton. C'en était fait : les 43 hommes avaient été tués sur la place de l'abbaye.

Les dépositions du *Livre Blanc* ne soufflent mot de cette première fusillade collective.

---

(1) Les dépositions allemandes relatives à Leffe parlent fréquemment de francs-tireurs armés de revolvers.

Quant à la seconde, voici ce qu'en dit l'« Aperçu général » :

« La 9ᵉ compagnie du régiment nº 178 occupa, face à l'ennemi établi sur la rive gauche de la Meuse, le jardin, longeant le fleuve, d'une villa et d'une fabrique. Ici aussi, elle essuya des coups de fusil. La villa et la fabrique furent, pour cette raison, évacuées. On fit sortir de la cave de la fabrique le propriétaire et un grand nombre de ses ouvriers et on les fusilla. Les femmes et les enfants que l'on y trouva, furent conduits dans la cour du couvent. » (p. 119.)

En effet, M. Remy Himmer, administrateur-directeur de la *Manufacture de Tissus de Leffe*, fut massacré sur la place de l'abbaye le 23 août vers 6 heures du soir avec trente de ses ouvriers. D'autres membres du personnel, au nombre de cent quinze, furent tués le même jour en différents endroits (1).

Le rapport allemand a soin de ne pas dire *pourquoi* on fusilla les hommes trouvés dans la fabrique. Il est vrai que les Allemands prétendent avoir essuyé des coups de feu, tandis qu'ils se trouvaient dans le jardin de la fabrique et un lecteur superficiel pourrait facilement voir une corrélation entre les deux faits ; mais il est certain que ces coups partaient de la rive gauche, « *où les Français étaient établis* », ainsi que le rapport le déclare lui-même. Ce qu'il néglige d'ajouter, c'est que les soldats allemands étaient déjà installés depuis le matin dans le jardin de la fabrique sans se rendre compte que celle-ci servait de refuge à plus de cent personnes cachées dans les caves ! Ce n'est que vers 5 h. du soir, que tout ce monde *se rendit* aux Allemands et que ceux-ci découvrirent la présence des francs-tireurs !

---

(1) Voir SCHMITZ et NIEUWLAND, *op. cit.*, vol. V, p. 93.

Par la rue Saint-Jacques descendit la 46ᵐᵉ brigade (régiments 108 et 182). Au bas de la rue une partie de ce corps prit sur sa droite et rejoignit les troupes qui étaient à Leffe. Les opérations des deux groupes se confondent.

Ce sont vraisemblablement des soldats de la 46ᵐᵉ brigade qui furent les auteurs des massacres de la rue des Tanneries, sans que nous puissions préciser les unités, aucune déposition allemande n'en faisant mention.

Dans cette rue, trente hommes, alignés le long du mur du jardin Laurent subirent le feu d'un peloton d'exécution ; vingt-sept y perdirent la vie. Parmi les victimes se trouvait M. Junius, professeur au Collège communal. Caché dans une cave, il en était sorti précipitamment pour sauver ses malheureux concitoyens, lorsqu'il vit qu'ils allaient être fusillés. En vain plaida-t-il leur cause en allemand ; il fut éconduit, poussé à son tour contre le mur et exécuté !

La seconde partie de la 46ᵐᵉ brigade prit vers sa gauche par la rue Adolphe Sax et la rue Petite.

Naturellement, ces troupes accusent aussi les civils d'avoir pris part au combat. Leurs documents sont trop peu nombreux, pour que l'on puisse les contrôler les uns par les autres. Ils ne disent pas les mesures prises contre la population et dans ces conditions force nous est de recourir aux enquêtes belges pour établir la situation.

La rue Saint-Jacques, la rue Petite et la rue Adolphe Sax avaient été le théâtre des événements de la nuit du 21 au 22 août. A la suite de ceux-ci, les habitants avaient pris la fuite. Il ne restait dans ces trois rues que 33 personnes. Quinze hommes et une femme y furent tués.

Quatre hommes réussirent à se cacher et échappèrent à la mort (1).

AU QUARTIER SAINT-NICOLAS

En traversant la Grand'Place ou la rue du Palais de Justice, les Allemands auraient été exposés directement au feu des Français. C'est pour cela, sans doute, qu'ils ne s'avancèrent pas le 23 août dans la partie de la ville située entre ces deux points.

Le régiment des grenadiers nº 100, descendant par la Montagne de la Croix, se répandit dans le quartier Saint-Nicolas et de là jusqu'à la rue du Palais de Justice d'un côté, et jusqu'au quartier Saint-Paul de l'autre. Le lieutenant-colonel comte Kielmannsegg commandait les forces de ce régiment qui envahirent Dinant.

« A chaque compagnie, dit cet officier, fut assignée une partie de la ville pour y perquisitionner et pour la nettoyer (2). Les ordres étaient d'amener à la prison les civils pour autant qu'ils n'offrissent pas de résistance. S'ils résistaient, on devait immédiatement faire usage des armes... de nulle part il ne m'est revenu que mes ordres aient été transgressés... Plusieurs centaines d'habitants furent conduits et gardés à la prison. Avant de quitter la ville... je fis, en exécution d'un ordre supérieur, fusiller environ 100 habitants coupables, du sexe masculin... » (Annexe 7.)

A la différence de ce qui s'est fait à Leffe, des ordres concernaient ici les civils mâles qui ne résisteraient pas.

---

(1) Voir SCHMITZ et NIEUWLAND, *op. cit.*, vol. V, à la page 116, les noms de ces 33 personnes et, à la fin du volume, la liste des victimes (nᵒˢ 304 à 321). Dans cette liste figurent 3 inconnus dont on a retrouvé les corps.

(2) Quelques rues trop exposées au feu des Français ne furent pas fouillées.

Là tous les hommes valides furent massacrés ; ici il en survécut un assez grand nombre.

Les habitants arrachés de leurs demeures n'eurent pas tous un sort identique. Quelques-uns furent immédiatement massacrés. D'autres, plus nombreux, furent conduits à la prison après avoir été rangés le long de la Meuse pour servir de bouclier, contre le feu des Français, aux troupes qui défilèrent derrière eux. Plusieurs civils furent ainsi blessés. Mlle Madeleine Marsigny fut atteinte mortellement. Dans la partie théorique de son travail, et sans faire allusion au fait que nous rapportons, le professeur Meurer veut bien admettre que ce procédé est condamné par le droit des gens.

Le plus grand nombre des prisonniers fut concentré dans la propriété d'un appelé Bouille. Ils y furent parqués, les uns dans l'habitation, les autres dans ses dépendances (écurie et forge). C'est par le hasard des circonstances ou par l'arbitraire des soldats que les prisonniers furent répartis entre ces différents locaux. Parfois ils furent laissés libres de choisir eux-mêmes.

Vers le commencement de l'après-midi, un détachement emmena tous les prisonniers qui se trouvaient dans la forge Bouille et les conduisit à la prison. Quand on arriva dans la cour de celle-ci, des soldats postés sur les hauteurs avoisinantes, ouvrirent le feu sur le groupe des captifs. Une vieille femme et un jeune homme furent tués raides ; une autre femme, blessée, mourut le lendemain (1).

---

(1) Voir 20⁰ rapport de la Commission belge d'enquêtes (rapport Tschoffen) et SCHMITZ et NIEUWLAND, *op. cit.*, vol. V., pp. 138 et 149.

Plus tard, un officier fit sortir de la maison Bouille un certain nombre de prisonniers désignés au hasard et les fit fusiller contre un mur voisin. Il y eut là 14 morts. De cette exécution, les dépositions allemandes ne soufflent mot. On ignore donc quel en fut le prétexte. Les victimes ne pouvaient être des francs-tireurs puisque, d'après le rapport du comte Kielmannsegg lui-même, « *les ordres étaient de faire immédiatement usage des armes* » contre ceux-ci et que ces ordres « *ne furent pas transgressés* ».

Vers 6 h. du soir, les autres personnes détenues chez Bouille sont amenées vers la prison. A une quarantaine de mètres de celle-ci, les Allemands arrêtent le cortège, rangent tous les hommes contre un mur et les fusillent. Cette abomination coûta la vie à 107 personnes, parmi lesquelles 2 garçons de 15 ans et sept hommes de plus de 60 ans.

C'est de ces malheureux que parle le comte Kielmannsegg, quand il dit avoir fait fusiller 100 habitants coupables (1).

Le hasard seul a désigné les victimes. Répartis sans choix, au caprice des soldats, dans les différentes parties de la propriété Bouille, des prisonniers eurent la vie sauve: ce sont ceux que la chance avait fait entrer dans la forge d'où ils furent, nous venons de le voir, conduits à la prison. Ceux-là, au contraire, furent fusillés, qui se trouvèrent dans la maison ou l'écurie. Ce hasard exclut toute

---

(1) En réalité, le comte Kielmannsegg fit tirer sur 137 hommes, rangés contre le mur du jardin de M. Tschoffen, mais 107 seulement furent tués. Les trente autres, blessés ou indemnes, profitèrent de l'obscurité pour s'enfuir, après le départ de leurs bourreaux. Les noms de ces « escapés » sont donnés dans SCHMITZ et NIEUWLAND, *op. cit.*, vol. V, p. 173.

enquête au sujet de la culpabilité de chacun d'eux. Le comte Kielmannsegg se borne à déclarer qu'ils étaient « coupables », mais n'indique nullement par quel contrôle il s'en est assuré. Il serait bien en peine d'ailleurs d'expliquer comment il lui restait le soir environ 100 coupables à fusiller en masse, puisque son ordre, non transgressé, était que tout franc-tireur fût immédiatement passé par les armes.

Oublieux de ce qu'il avait dit, ou bien conscient de ce que sa version était manifestement inadmissible, le comte Kielmannsegg en a, plusieurs années après, imaginé une autre toute différente. C'est le professeur Meurer qui nous l'apprend. Il écrit :

« La fusillade des civils prisonniers par le 100e régiment de grenadiers s'est produite comme suit :

Le Ier bataillon, commandé par le comte Kielmannsegg, actuellement lieutenant-colonel, avait reçu l'ordre dans la soirée, après des combats très meurtriers, de couvrir le passage de la Meuse avec les 3 compagnies qui restaient — une servait de couverture à l'artillerie. Les effectifs affaiblis y suffirent à peine. Comme on continuait à tirer des maisons, il y avait un danger imminent de voir les centaines de prisonniers maîtriser leur faible garde et, en compagnie de ceux qui ne cessaient de tirer des maisons, attaquer les troupes par derrière. Ils auraient dû être gardés par une section au moins, que le bataillon ne pouvait fournir à cause de l'éparpillement nécessaire et vu les pertes subies. Pour ces motifs, le commandant décida de faire fusiller ceux de ces prisonniers aptes à porter les armes, dont la plupart avaient d'ailleurs porté les armes contre la troupe. Etant donné la situation, le commandant considérait cette façon de faire comme militairement justifiée. Cet ordre a été exécuté par le capitaine von Loeben, tué ultérieurement, qui élimina les femmes, les enfants et les vieillards, et qui, comme une femme se cramponnait à son mari et voulait être fusillée avec lui, libéra l'homme et la femme. » (Mémoire Meurer, p. 253.)

Le prétexte nouveau donné à l'exécution est la difficulté de garder les prisonniers. Cela est formellement exprimé. Les mots « *dont la plupart avaient d'ailleurs porté les armes contre la troupe* » ne sont visiblement qu'une concession de pure forme à la version abandonnée.

Arracher de leur demeure des habitants paisibles, les détenir toute une journée et, le soir, les fusiller sous prétexte que, pour les garder, il aurait fallu une section au moins est un crime abominable ! Ni M. Meurer, ni les membres de la commission du Reichstag ne paraissent s'en douter. Le coupable prétend que sa façon de faire était militairement justifiée. Cela leur suffit ! Leur conscience s'incline et approuve !

Au risque de troubler ces consciences trop imperturbablement sereines, nous démontrerons que la pitoyable excuse invoquée par le comte Kielmannsegg est mensongère, et que la nécessité militaire dont il fait état n'a jamais existé.

« *On tirait des maisons* », dit M. Meurer. Cela n'est pas vrai, pas plus qu'il n'est vrai qu'il y aurait eu danger imminent d'une attaque de la population ou d'une révolte des prisonniers.

Les civils ne pouvaient pas tirer des maisons : dès le matin les troupes les avaient fait évacuer, et depuis lors elles en détenaient les habitants ; ceux-ci étaient donc dans l'impossibilité de porter secours aux prisonniers.

Pour avoir à craindre une révolte imminente de ceux-ci, on aurait dû constater des symptômes menaçants. On n'en signale aucun. Les prisonniers sont restés calmes, obéissants à tous les caprices de leurs gardes. Le comte Kielmannsegg le sait ; il n'allègue d'ailleurs pas le contraire. Le « *danger imminent* », dont il fait état n'existait donc pas. Il n'y a pas cru lui-même ; sa conduite le prouve.

En effet, s'il avait craint qu'une intervention de la population ne coïncidât avec une révolte de ses prisonniers, il se serait soigneusement abstenu de faire conduire ceux-ci d'un endroit à un autre : pareil transfert était l'occasion toute trouvée de la révolte. Il les extrait cependant de chez Bouille et les achemine vers la prison. Pour arriver à celle-ci, ils n'ont plus qu'à défiler devant *trois* maisons et à franchir une quarantaine de mètres. La plus élémentaire précaution est d'achever le mouvement et d'enfermer les prisonniers derrière les murs de la maison d'arrêt : la fuite ne leur sera plus possible et la population ne pourra plus intervenir pour les délivrer.

Au lieu de cela, à quelques pas de la prison, on arrête le cortège en pleine rue, provoquant littéralement le danger que l'on prétend redouter ; on procède au triage des prisonniers, on sépare les hommes des femmes et des enfants, on range les premiers contre un mur et on les fusille de sang-froid.

Loin d'être prêts à la révolte, ces hommes n'ont même pas essayé de fuir.

Pourvoir à leur garde gênait peut-être le comte Kielmannsegg. Ce n'était assurément pas une raison suffisante pour les fusiller. Une publication de la section historique du Grand État-Major allemand, sous le titre « *Kriegsbrauch im Landkriege* » (1), porte : « *Ils* (les prisonniers) *peuvent être mis à mort... en cas de nécessité inéluctable, lorsqu'il n'y a pas d'autres moyens de les garder et que la présence des prisonniers constitue un danger pour la propre existence du capteur* » (p. 36).

---

(1) « *Les lois de la guerre continentale* . » Traduction et notes de P. CARPENTIER. Paris, Librairie Payot, 1916.

Sans nous attarder à discuter la légitimité de pareil règlement, nous constatons qu'il ne couvre pas le comte Kielmannsegg.

En effet : 1º Il s'applique à des militaires soumis aux aléas de la guerre et non à des civils paisibles que l'on a arrachés de leur demeure sans autre raison qu'un préjugé injuste conçu contre eux.

2º Le règlement allemand subordonne à trois conditions le droit de mettre à mort les prisonniers :

a) *Il faut une nécessité inéluctable.* On ne voit pas qu'une nécessité de ce genre se soit opposée à ce que les allemands remettent en liberté des citoyens contre lesquels ils ne pouvaient articuler aucun grief précis.

b) *Il faut qu'il n'y ait pas d'autres moyens de garder les prisonniers.* Le moyen existait ; il était d'un emploi facile : à quarante mètres du lieu de l'exécution se trouvait la prison. On pouvait joindre ces prisonniers aux autres détenus que l'on y avait enfermés déjà, et au besoin, pour faire place, libérer les femmes et les enfants de ceux-ci, comme on a, au moment de l'exécution, libéré les femmes et les enfants des condamnés. Et si, malgré cela, il fallait toute une section pour garder les prisonniers, la situation militaire de l'armée allemande n'était pas tellement critique au soir de ce jour de victoire qu'elle ne pût trouver ce détachement : deux heures plus tard, le comte Kielmannsegg fournissait une compagnie pour conduire dans la nuit et garder en plein champ les 416 civils qui furent emprisonnés à Cassel !

c) *La présence des prisonniers doit constituer un danger pour la propre existence du capteur.* Ce danger, nous croyons l'avoir démontré, n'a existé, et après coup, que dans l'imagination du comte Kielmannsegg. Ne sachant comment justifier le meurtre de 107 innocents, il essaye, mais en vain, de se couvrir d'un texte du Grand État-Major allemand.

Des deux versions présentées par le coupable pour justifier le massacre qu'il a ordonné : châtiment de francs-tireurs ou mesure de précaution militaire, l'une n'est pas plus heureuse — ni plus vraie — que l'autre.

AUX RIVAGES

A l'extrémité sud de la ville, « aux Rivages », pas d'enchevêtrement de rues et de ruelles. Une seule artère existe qui, parfois même, ne comporte qu'une rangée de maisons. En face de celles-ci coule la Meuse. Là, dans la très petite partie de Dinant comprise entre le Rocher Bayard et Anseremme, s'est déroulé le drame le plus odieux de la journée.

Le premier Allemand qui débouche aux Rivages est un officier de pionniers, le capitaine Ermisch, envoyé en reconnaissance. Il y était depuis une heure, quand arrive sa compagnie (annexe 46). Cette troupe rassembla les habitants « *à titre d'otages* ». Plus tard, le colonel Meister « *fit nettoyer les alentours par une section qui ramena une assez grande quantité d'hommes et de femmes* » (annexe 48).

Vers 6 heures du soir, enfin, arrive un officier d'État-Major, le major von Zeschau. Celui-ci déclare :

« J'atteignis la Meuse le 23 août 1914, à six heures du soir, aux « Rivages ». Toutes les maisons étaient fermées. On n'apercevait aucun habitant. Les grenadiers se trouvaient en colonne de marche sur la

chaussée latérale qui débouche aux Rivages, la tête près de la route de
la vallée. Je m'informai si on avait fouillé les maisons. Une patrouille
fut alors envoyée pour y perquisitionner et un vizefeldwebel vint
m'annoncer qu'elles étaient vides. Je restai encore environ un quart
d'heure à cet endroit et observai les effets de notre feu d'artillerie sur
les maisons de la rive gauche de la Meuse......

Quand le pont fut à moitié construit et que quelques pontons char-
gés de grenadiers eurent atteint l'autre rive, la mission que j'avais reçue
était accomplie et je retournai auprès du commandant de corps
d'armée.

Lorsque, vers 8 heures du soir, je revins aux Rivages, j'aperçus un
tas de cadavres près de l'endroit où avait été construit le pont. J'appris
que, peu après mon départ, on avait fait feu des maisons en apparence
vides. » (Annexe 45.)

Donc, jusqu'au départ de von Zeschau, calme complet
de la population. L'arrestation des habitants a lieu par
mesure préventive et ne suscite aucun incident.

« *Quand la construction du pont fut arrivée à une quarantaine de mètres, une vive fusillade fut ouverte des maisons
des Rivages et des rochers qui dominent le village* », dit le
major Steinhoff (annexe 48) ; « *provenant en partie de
troupes d'infanterie et en partie des habitants de l'autre rive* »,
dit au contraire le rapport de combat du régiment des
grenadiers n° 101 (annexe 43).

Comme le major Steinhoff, le capitaine Ermisch attribue aux civils de la rive droite le tir dirigé sur les pontonniers et il ajoute : « *A la suite de ces faits, les otages furent
fusillés sur l'ordre d'un officier des grenadiers, homme d'un
certain âge* » (annexe 46).

Le major Steinhoff déclare aussi avoir vu « *à l'endroit
où s'étaient trouvés les hommes prisonniers, un monceau de
cadavres* » (annexe 48).

C'est l'essentiel des rapports allemands.

Le capitaine Ermisch en reconnaissance reste seul

pendant une heure aux Rivages ; rien de fâcheux ne lui arrive.

Surviennent ses troupes. Il fait rassembler les habitants « à titre d'otages ». Plus tard, le colonel Meister, puis enfin le major von Zeschau, prennent la même précaution.

Tout est calme. Les habitants n'ont pas tiré un coup de feu. On ne les en accuse même pas. Subitement une fusillade éclate, dirigée sur l'extrémité du pont. C'est l'infanterie française qui intervient. Cela suffit à déchaîner la furie d'un officier des grenadiers : un ordre de lui, et les otages sont massacrés !

Le major Schlick, commandant le 1er bataillon du régiment des grenadiers, présente les faits sous un autre jour.

« ... Les habitants des Rivages ouvrirent un feu meurtrier sur nos troupes, tirant de toutes les maisons, des jardins, et aussi des collines. Des hommes de tout âge, ainsi qu'*une quantité innombrable de femmes et même de fillettes de dix ans*, firent feu des maisons et dans les maisons. C'est ainsi qu'une femme fut grièvement blessée au sein par ses concitoyens et pansée par nous.

Le bataillon reçut l'ordre d'ouvrir la lutte contre les habitants qui tiraient comme des forcenés. Dans le but de combattre dans les rues et les maisons, les 3e et 4e compagnies s'avancèrent, tandis qu'une partie de la 1re compagnie restait sur la rive. Les habitants d'une conduite particulièrement indigne *faisaient feu comme des forcenés sur nos troupes*, avec des armes de toute espèce, sans qu'il fût possible de les en empêcher. Une partie d'entre eux, environ vingt, parmi lesquels quelques femmes, qui ne cessaient d'attaquer constamment les compagnies avec une perfidie particulière en leur tirant dans le dos, furent fusillés dans le but de nous défendre contre leurs agissements et de détourner par la frayeur les autres habitants de toute atrocité ultérieure. Environ 100 à 150 hommes et femmes ainsi que des enfants furent rassemblés et transportés par les premiers bateaux sur l'autre rive de la Meuse (1), cela, tant dans le but de les empêcher de se livrer

____

(1) C'est inexact. Ce sont au contraire des habitants de Neffe (rive gauche) qui ont été transportés aux Rivages. La plupart d'entre eux y furent fusillés.

à de nouveaux actes de violence, que pour éloigner de l'épouvantable combat ceux d'entre eux qui paraissaient innocents. Les 3ᵉ et 4ᵉ compagnies continuèrent le combat dans les rues longtemps encore après la tombée de la nuit, jusqu'à ce qu'enfin l'incendie de tout le village eût mis fin aux ignobles agissements des habitants.

L'injonction de procéder au combat dans les rues a été donnée par moi et mis à exécution par les 3ᵉ et 4ᵉ compagnies, d'après un ordre du régiment.

Quant à moi, je puis attester que, comme à un signal donné, les villageois, hommes de tout âge, femmes et filles, firent feu sur nous *comme des enragés* et que les moyens auxquels nous eûmes recours nous étaient imposés par la légitime défense. La situation dans laquelle se trouvait la troupe, surtout à l'endroit où plus tard fut construit le pont, mérite, dans toute la force du terme, le nom de *chaudière de sorcières*. On ne peut rien imaginer de pire que la façon dont agissait *cette armée en furie d'hommes et de mégères*. Malgré toutes les impressions effroyables d'une pareille lutte, j'ai, dans la suite, toujours admiré la conduite calme de nos troupes vis-à-vis de ces brutes et *la façon dont elles s'abstinrent de toute cruauté*, même quand elles se trouvaient elles-mêmes exposées de la façon la plus grave. (1) » (Annexe 44.)

Devant lui, 77 cadavres de civils étaient couchés par terre, dont 34 du sexe féminin (2). Parmi les victimes il y avait 12 vieillards de plus de 60 ans, dont une femme de 88 ans ; 16 enfants de moins de 14 ans ; les plus jeunes étaient :

Gilda Marchot,	2 ans ;
Claire Struvay,	2 ans ;
Gilda Genon,	19 mois ;
Maurice Bétemps,	19 mois ;
Félix Balleux,	16 mois ;
Nelly Pollet ,	12 mois ;
Mariette Fivet,	3 semaines.

---

(1) C'est nous qui avons souligné certains passages de cette déposition.

(2) En réalité, l'ordre fut donné de tirer sur 90 civils, mais treize d'entre eux échappèrent à la mort ; la plupart étaient blessés.

Voilà le spectacle qui suscita l'admiration du major Schlick pour la conduite de ses troupes !

Et les rédacteurs du *Livre Blanc* écrivent : « *Leur exécution* (des otages) *était d'autant plus justifiée qu'il n'est guère possible qu'il y ait eu des innocents parmi eux !* » (« Apercu général » p. 123.)

Le major Schlick avait une raison personnelle de substituer à la vérité le roman qu'il invente : c'est lui qui ordonna le massacre (1).

Les rédacteurs du *Livre Blanc* et M. Meurer présentent formellement le hideux massacre des Rivages comme une exécution d'otages, légitimée par l'attitude de la population et autorisée par le droit des gens.

Ni en théorie ni en fait cette excuse n'est admissible.

En théorie : nous savons, quoique la question soit controversée, que des auteurs considèrent dans certains cas la capture et la mise à mort d'otages comme pouvant être tolérée. Mais nous mettons M. Meurer au défi de professer qu'il est conforme au droit et à la conscience, de prendre et de fusiller comme otages des femmes de 88 ans et des enfants de trois semaines.

Dans toute la théorie qu'il émet au sujet du droit de mise à mort des otages, M. Meurer ne fait pas la moindre allusion à l'âge des victimes fusillées aux Rivages, ni au fait qu'il y en avait 34 appartenant au sexe féminin. Il a ainsi faussé le problème en en dissimulant sciemment un des éléments essentiels. Cela ne fait pas l'éloge de sa bonne foi.

En fait : la population des Rivages n'a posé aucun

---

(1) Les rédacteurs du *Livre Blanc* n'avaient pas osé le nommer, c'est M. Meurer qui nous révèle son nom.

acte pouvant justifier des représailles et la mise à mort des otages.

Une fusillade subite dirigée contre les pontonniers en fut la cause.

D'où venait-elle ?

Des maisons des rivages, dit une première version allemande (annexes 46 et 48).

Cela est faux, parce que impossible. Les maisons avaient été fouillées à plusieurs reprises, et les perquisitions ordonnées par le major von Zeschau avaient fait constater « qu'elles étaient vides ». Leurs habitants étaient aux mains des troupes allemandes, ce sont eux qui ont été massacrés.

Seconde version : *« Une forte fusillade ennemie provenant en partie de troupes d'infanterie et en partie des habitants de l'autre rive, transperce les pontons et rend impossible la construction du pont »* (annexe 43).

Relevons tout d'abord la contradiction flagrante entre cette version et la précédente. D'après la première, on a tiré de la rive droite ; d'après la seconde, les coups de feu sont partis de la rive gauche. Ensuite cette seconde version n'explique pas comment, d'une rive à l'autre de la Meuse, on aurait pu constater que des civils joignaient leur tir à celui des troupes françaises ; elle manque donc de base.

En réalité, ce sont les troupes françaises, occupant la rive gauche de la Meuse, et elles seules, qui ont ouvert le feu sur les pontonniers.

M. Meurer nous apprend qu'après le tir dirigé sur les pontonniers, *« une grande agitation se produisit parmi les prisonniers. On criait : Vive la France. Un homme en* *blouse bleue tira sur les soldats avec un revolver. Il y eut un grand tumulte et les soldats se mirent à tirer alors sur les civils. Le commandant du 1er bataillon du 101e régiment, actuellement colonel retraité Schlick, donna également un ordre dans ce sens,* EN SUPPOSANT (1) *que ces civils participaient au combat. Le feu ennemi de la rive droite de la Meuse cessa alors immédiatement .»* (Op. cit., p. 253, sq.)

L'auteur de la tuerie *a supposé* que les civils tiraient. Cela lui a suffi pour ordonner le massacre de 90 personnes, de femmes, d'enfants ! On ose imprimer cela !

Et les rédacteurs du *Livre Blanc* ne craignent pas d'écrire : « *A Dinant, ce n'étaient pas des citoyens paisibles et innocents qui sont tombés victimes des armées allemandes, mais des assassins qui se sont jetés sournoisement sur les soldats et les ont forcés à un combat fatal pour la ville.* » (p. 6) On voit ce que valent les affirmations allemandes, même les plus autorisées.

Et puisque le *Livre Blanc* parle d'« *assassins* », il nous sera bien permis de dire que ce n'est pas parmi les Dinantais qu'ils se sont trouvés !

Les rédacteurs du *Livre Blanc* ont dénaturé la vérité en disant dans l'« Aperçu général » : « *Les otages masculins qu'on avait placés contre le mur d'un jardin furent fusillés !* »

Ce ne sont pas seulement les otages masculins qui ont été fusillés aux Rivages : **sur les 77 cadavres, il y en avait 34 du sexe féminin.**

Un peu plus loin, on lit encore dans l'« Aperçu général » une autre allégation fausse : « *Quelques femmes et quelques*

---

(1) C'est nous qui soulignons.

*enfants ont aussi été atteints aux Rivages pendant l'exécu-
tion des otages. Malgré les ordres donnés et dans la confusion générale, ces femmes et ces enfants ont quitté la place
qui leur avait été désignée, à l'écart des hommes, et s'étaient
pressés autour de ces derniers. »*

Cela est faux. Non seulement cela est contraire à tout
ce que nous savons de source belge, mais cela n'est dit
dans aucune déposition allemande.

Les rédacteurs de l'« Aperçu général », le major Bauer
et le Kammergerichtsrat Dr Wagner sont personnellement
responsables de ce mensonge. Dans une certaine mesure
on serait presque tenté de les excuser de l'avoir commis.
Il eût été vraiment trop difficile d'avouer un crime dont
Mgr Heylen, évêque de Namur, pouvait écrire : « Aucune langue au monde n'a d'expression capable de stigma-
tiser de telles horreurs » (1).

L'AQUEDUC DE NEFFE.

Le faubourg de Neffe (rive gauche de la Meuse), forme
une agglomération isolée. Elle est située à cheval sur deux
communes : Dinant et Anseremme.

Le *Livre Blanc* ne donne que trois dépositions relatives
aux événements de ce faubourg (2). Une seule d'entre elles
a trait au fait capital : les coups de feu tirés sur les gens
réfugiés dans un aqueduc. Elle émane du major von
Zeschau (3) du régiment des grenadiers no 101.

---

(1) « Protestation contre les accusations du *Livre Blanc* adressée au
Gouverneur Général de la Belgique occupée. » (*Livre Gris belge*, p. 477.)

(2) Annexes 40, 41 et 42.

(3) Ne pas confondre avec son homonyme dont nous avons reproduit plus haut la déposition.

« ... En continuant notre route, écrit-il, nous arrivâmes près d'un talus du chemin de fer sous lequel était ménagé. un passage. Devant celui-ci gisait un civil mort, avec une arme ressemblant à une carabine. Le sous-lieutenant von Oer, qui se trouvait de l'autre côté du talus, me cria que, de l'intérieur du passage, on avait fait feu sur lui. Dans le passage je vis des gens. Quelques-uns de nos hommes étaient accroupis à quelques pas de l'ouverture, le fusil décalé ; à ma question, ils répondirent qu'on avait tiré du passage. Je criai à l'intérieur : « Sortez, on ne vous fera rien ! » Comme les gens ne sortaient pas (*et qu'au contraire on avait continué à tirer de l'aqueduc*, ajoute M. Meurer, p. 252), je fis tirer dans le passage quelques coups de feu — en tout dix à douze — par environ cinq ou six de mes hommes. Comme ensuite on entendait à l'intérieur de grands gémissements, je laissai un sous-officier en arrière avec ordre de faire évacuer le passage. Le sous-officier me déclara le lendemain matin qu'il en avait retiré 35 à 40 civils, des hommes, des jeunes garçons, des femmes et des enfants, ainsi qu'un certain nombre d'armes ; il me dit que c'étaient 8 à 10 armes, ressemblant à des carabines. Les civils arrêtés furent remis à d'autres troupes à l'endroit où avait été établi le pont. A environ 200 mètres au delà du talus du chemin de fer, je me trouvai engagé dans un combat avec de l'infanterie française. » (Annexe 40.)

Eliminons tout d'abord l'ajoute que M. Meurer fait au récit de von Zeschau, d'après un témoignage qu'il ne reproduit pas. Au moment où auraient été tirés les coups de feu dont parle le professeur Meurer, von Zeschau était présent ; il les aurait donc entendus et en aurait nécessairement fait mention. Or il ne fait allusion qu'à des coups de feu antérieurs que lui avait signalés un lieutenant.

Quant à la déposition du major von Zeschau elle-même, elle présente des singularités qu'il importe de relever :

1° «*Quelques-uns de nos hommes*, dit-il, *étaient accroupis à quelques pas de l'ouverture*» de l'aqueduc d'où l'on venait de tirer. C'était la meilleure position à prendre pour s'offrir en entier au feu des francs-tireurs ; et l'on se demande en vain pourquoi ces hommes la choisissent, au lieu de se mettre, dans la mesure du possible, à l'abri du tir.

2° Des francs-tireurs ayant fait feu sur la troupe, von Zeschau leur promet qu'*on ne leur fera rien*. Marque de faiblesse contrastant singulièrement avec la rigueur excessive dont il fait preuve un instant après, quand il ordonne de tirer sur des gens qui n'obéissent pas immédiatement à son ordre de sortir de l'aqueduc.

3° Cet ordre donné, il se désintéresse de l'affaire. Le lendemain seulement, il se fait rendre compte par un sous-officier de l'exécution de ses instructions.

4° Il est évident qu'on lui a parlé du résultat du tir qu'il avait ordonné, des morts et des blessés trouvés dans l'aqueduc. Tandis qu'il signale les armes qu'on y aurait découvertes, il ne fait pas mention des victimes.

Lorsqu'on témoigne d'un fait, on le raconte en entier si l'on est sincère. On se rend coupable de tromperie quand, volontairement, on en tait la moitié. Cette faute, von Zeschau l'a commise. A elle seule, elle suffirait pour faire écarter son témoignage.

M. Meurer reconnaît qu'il y eut 4 ou 5 morts et une quinzaine de blessés (p. 252). Ses informations sont incomplètes. On a retiré de l'aqueduc 13 blessés seulement (dont un mourut le lendemain), mais en revanche **il y avait 22 cadavres, dont 9 de femmes, de jeunes filles ou de fillettes et 5 d'enfants en dessous de 10 ans ; la plus jeune victime avait 16 mois !** Vingt personnes sortirent indemnes de ce sinistre aqueduc (1). Une partie des blessures provenaient non de balles, mais de grenades jetées par les soldats.

______

(1) Voir Schmitz et Nieuwland, op. cit., vol. V, p. 209.

Une dizaine d'armes « *ressemblant à des carabines* », ont été trouvées dans l'aqueduc, dit von Zeschau. Préoccupé de montrer combien les francs-tireurs qui avaient établi là leur embuscade, étaient redoutablement armés, M. Meurer relève qu'on y aurait aussi trouvé 2 ou 3 fusils de chasse, 10 à 12 revolvers et de nombreux fusils de guerre (p. 253).

Créé pour permettre l'écoulement, sous la voie du chemin de fer, des eaux provenant des hauteurs environnantes, cet aqueduc a une voûte solidement construite : les trains y passent (1). Son ouverture mesure à sa partie la plus haute 83 centimètres et 32 à sa partie la plus basse. Pour y trouver place, il faut s'accroupir ou se coucher. La largeur est de 2 m. 55 ; la longueur, de 8 m. 25 ; la superficie, de 21 m². environ.

Dans ce trou, fuyant le bombardement (2), s'étaient

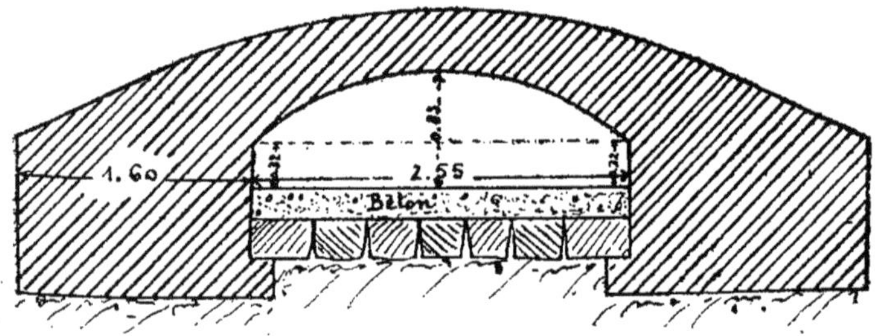

____

(1) La compagnie du Chemin de fer du Nord-Belge nous a aimablement remis une coupe de cet ouvrage, tel qu'il existait avant la guerre (il a été modifié depuis). Nous reproduisons ce document dont l'original est déposé aux archives de la compagnie à Dinant.

(2) Rappelons que Neffe est sur la rive gauche de la Meuse, occupée par les Français. Cette rive fut bombardée par l'artillerie allemande : voir notamment la déposition du major von Zeschau (annexe 45).

entassées 55 personnes, hommes, femmes et enfants. Elles ne pouvaient y tenir toutes sans que plusieurs d'entre elles soient couchées les unes sur les autres. On n'imagine pas des francs-tireurs choisissant semblable poste d'embuscade.

Que si d'aventure — et l'hypothèse est absolument gratuite — mêlé aux malheureux réfugiés sous l'aqueduc, un fanatique avait voulu faire usage d'une arme, ses compagnons d'infortune, il est à peine nécessaire de le faire remarquer, auraient su l'en empêcher.

La vérité est que, lorsque les Allemands aperçurent les civils réfugiés dans l'aqueduc, ils les sommèrent d'en sortir. Comme ceux-ci ne se décidaient pas assez vite, l'ennemi, comme partout à Dinant, fit usage des armes pour les contraindre à obéir immédiatement.

Nous comprenons aisément que l'officier coupable de cet acte d'impardonnable brutalité, cherche une excuse. Il a pensé la trouver dans la légende des francs-tireurs qui avait cours dans l'armée allemande. Malheureusement pour lui, l'excuse se dérobe en même temps que s'effondre la légende où elle est puisée.

Le faubourg de Neffe compte au total 88 victimes, dont 47 du sexe féminin. Onze enfants de six ans et en dessous furent tous tués avec leurs mères.

CONCLUSION

Nous n'avons pas analysé toutes les dépositions allemandes. Nous avons examiné les principales d'entre
elles, celles surtout qui se recommandent par l'autorité
de leur auteur (1).

Il ne faut pas se laisser impressionner par le nombre des
autres : on a beau additionner des inexactitudes, leur
total ne fera jamais une vérité.

Une dernière observation. S'il y avait eu à Dinant des
francs-tireurs, la population les aurait connus. Ils
auraient été honnis de tous leurs concitoyens, comme
étant la cause du désastre qui s'est abattu sur la ville.
Certains — car la guerre n'a pas suscité seulement des
vertus — auraient cru faire œuvre de justice en les dénon-
çant à l'ennemi. Pas une dénonciation n'a été faite. A
aucun moment de l'occupation allemande, aucun Dinantais n'a été l'objet d'une enquête, ou n'a même été inquiété comme soupçonné d'être franc-tireur.

A l'heure de l'immense soulagement qui vit le départ
de l'envahisseur, quand, sur les routes toutes proches, on
entendait encore le bruit des pas de ceux qui s'en allaient

---

(1) A ceux qui nous reprocheraient d'avoir laissé de côté certaines
dépositions allemandes, et de n'avoir donné que des extraits des autres,
nous répondrons que dans une brochure comme la nôtre, nous devions
forcément nous limiter.

On ne pourra cependant nous faire le grief d'avoir omis intentionnellement certains actes du procès, puisque les ouvrages publiés anté-
rieurement par nous les contiennent tous ; notamment le *Sac de
Dinant* (Tschoffen) qui reproduit intégralement toutes les dépositions
allemandes du *Livre Blanc*.

chassés de leur conquête, voici le premier usage que la population de Dinant fit de sa liberté reconquise : au milieu des décombres des maisons incendiées, groupés autour de leur bourgmestre, à la face du ciel et la main levée vers leur église à demi ruinée, tous les Dinantais en ont fait à haute voix le serment solennel : « *Il n'y a pas eu de francs-tireurs parmi nous ; nous le jurons !* »

Le geste fut auguste et d'une impressionnante loyauté. Tout commentaire ne pourrait qu'en attaiblir la portée.

* * *

« *Qui a falsifié l'histoire, le gouvernement allemand ou le gouvernement belge ?* » écrit M. Meurer.

Notre but, en écrivant ces pages, fut de permettre à ceux qui les liraient, de répondre à la question qu'ose poser le professeur allemand.

Fidèles à notre promesse, nous n'avons fait état que de dépositions allemandes ; nous avons tenu comme non écrits les documents belges. Et cependant, le témoignage de la victime qui accuse, vaut bien celui du bourreau qui se défend. Mais nous avons cru bien faire de diminuer le nombre des pièces du procès et de ne laisser aux débats que des documents que nos adversaires ne puissent récuser : ce sont les leurs.

Le lecteur jugera ainsi plus aisément et il sera mieux assuré de le faire à bon escient.

Alors éclateront la Vérité et la Justice.

LETTRE OUVERTE
A MONSIEUR LE PROFESSEUR MEURER.

Monsieur le Professeur,

Dans votre rapport sur « la guerre populaire belge », vous écrivez : « *Le témoin à charge du* Livre Gris *pour Dinant est le prénommé Tschoffen* ». « *La version complète du* Livre Gris *au sujet de Dinant se fonde sur les rapports de Tschoffen .*»

Il est exact qu'à la demande du Ministre de la Justice, je lui ai adressé un rapport sur les événements d'août 1914 à Dinant, mais je ne suis pas le seul témoin dont le *Livre Gris* publie le récit. Il reproduit aussi le témoignage de Mgr Heylen, évêque de Namur, témoignage aussi important que le mien.

Ces deux documents se confirment. Dans les deux phrases ci-dessus reproduites, vous semblez éliminer du débat l'un de ces deux écrits.

Cela est regrettable, d'autant plus que vous ajoutez : les rapports Tschoffen « *sont absolument sans valeur* ».

Je reconnais que mon récit de la journée du 23 août est resté en deçà de la vérité ; mieux documenté, Mgr Heylen a pu le compléter.

Ce n'est évidemment pas cette considération qui dicte votre appréciation. Voyons donc les reproches que vous faites à mon rapport.

Un premier point est que j'y affirme que le directeur de la prison de Cassel, où j'étais détenu, et plus tard le général von Longchamps, Gouverneur de la province de Namur, m'ont tenu des propos desquels il résulte qu'il n'y a pas eu de francs-tireurs à Dinant. Ces Messieurs le nient. En présence d'affirmations contradictoires, dont aucune n'est susceptible de preuve directe, un historien prudent réserverait son jugement. Pour vous, sans autre examen, vous accordez confiance aux dires de vos compatriotes.

Un deuxième reproche. Mon rapport ne reposerait, dites-vous, que « *sur des données de tiers sans responsabilité* »; caché dans une maison pendant les combats de rues, je n'aurais pu faire aucune constatation personnelle.

Ces affirmations manquent de loyauté. Vous avez dû lire dans mon rapport comment, dès le matin, j'ai été chassé de chez moi, arrêté, conduit chez Bouille puis à la prison et de là jusqu'au Rocher Bayard, enfin emmené à Herbuchenne et en Allemagne. J'ai pendant ces pérégrinations fait les observations personnelles que je relate comme telles.

Pour le surplus, et je l'indique formellement, j'ai procédé à des enquêtes. Quand aurais-je pu faire celles-ci ? A mon retour d'Allemagne, « *sous les yeux de l'autorité militaire allemande* », demandez-vous. Mais certainement. Cela n'était pas bien difficile. Je vous avouerai même que j'ai commencé plus tôt : à la prison de Cassel, où les événements de Dinant faisaient l'objet de toutes les conversations que j'ai pu avoir avec d'autres détenus.

Troisième reproche articulé contre mes rapports. « *Ils ne renferment que des insultes contre les Allemands* », écrivez-vous. Cela n'est pas vrai, Monsieur le Professeur, et vous le savez. Je vous défie de citer une expression injurieuse que vous y auriez lue ; il n'y en a pas ! J'ai rapporté des faits ; je ne les ai pas qualifiés. C'était inutile d'ailleurs, ils se qualifiaient d'eux-mêmes.

Au surplus, je suis d'accord avec vous sur le principe : les injures ne sont pas des arguments ; aussi je pense que des expressions telles que : « *sales inventions* », « *cruautés bestiales* », « *atrocités on ne peut plus repoussantes* », relèvent du pamphlet plus que de l'histoire. C'est dans votre travail que je les recueille.

Pour terminer cette lettre, je cherche en vain la formule de politesse adéquate à la nature de nos relations.

Souffrez donc, Monsieur le Professeur, que je n'en emploie aucune.

Maurice TSCHOFFEN,
Procureur du Roi à Dinant.

LISTE DES VICTIMES [1]

A. VICTIMES DU SEXE FÉMININ

1. Au delà de 60 ans

	AGE		AGE
1 **André M.**, sans profes.	88	10 **Lecomte Jos.**, ménagère	73
2 **Anciaux Eup.**, rentière	85	11 **Lemineur Jos.**, sans prof.	72
3 **Delimoy Vict.**, sans profes.	81	12 **Matagne Cl.**, sans prof.	71
4 **Hastir Th.**, ménagère	80	13 **Bourguignon C.**, sans prof.	68
5 **Baussart D.**, ménagère	78	14 **Naus Jos.**, ménagère	67
6 **Mouton J.**, ménagère	76	15 **Pirlot F.**, maraîchère	67
7 **Paquet Em.**, ménagère	76	16 **Toussaint M.**, ménagère	66
8 **Burton Eup.**, maraîchère	75	17 **Taton F.**, ménagère	62
9 **Colin H.**, sans profession	75	18 **Detinne Aug.**, ménagère	61

2. De 59 a 15 ans

	AGE		AGE
19 **Sarasin H.**, ménagère	59	35 **Pinsmaille Ad.**, maraîch.	44
20 **Meurisse M.**, ménagère	59	36 **Looze M.**, ménagère	43
21 **Marlier Fl.**, march. prim.	58	37 **Batteux M.**, servante	42
22 **Patard M.**, ménagère	57	38 **Fastrès Od.**, maraîchère	42
23 **Laurent M.**, journalière	57	39 **Maillen M.-Th.**, négoc.	42
24 **Thirifays Ad.**, sans prof.	57	40 **Rouelle Marc.**, ménagère	40
25 **Vanheden L.**, négociante	55	41 **Bultot L.**, ménagère	39
26 **Defays M.**, ménagère	54	42 **Laverge Mel.**, ménagère	38
27 **Poncelet H.**, ménagère	54	43 **Dumont Cl.**, ménagère	38
28 **Georges Ap.**, ménagère	54	44 **Delieux Th.**, ménagère	38
29 **Legros M.**, négociante	51	45 **Pécasse H.**, gérante	38
30 **Hamblenne Cath.**, mén.	51	46 **Paquet M.**, ménagère	37
31 **Rase Em.**, sans profession	50	47 **Dufrenne Ren.**, ménagère	37
32 **Pinsmaille M.**, ménagère	49	48 **Deskeuve M.**, maraîch.	36
33 **Pollet L.**, ménagère	46	49 **Pollet Eug.**, couturière	36
34 **Minet M.**, ménagère	45	50 **Delaire M.**, ménagère	36

---

(1) Voir dans l'ouvrage de Schmitz et Nieuwland les circonstances de la mort de chacune des victimes.

51	**Bourdon J.**, couturière	33
52	**Toussaint Cel.**, ménagère	33
53	**Laloux Ch.**, ménagère	32
54	**Lamand M.**, ménagère	31
55	**Bovy Ad.**, ménagère	29
56	**Jassogne Th.**, ouv. de fab.	27
57	**Léonard Fr.**, ménagère	25
58	**Bovy Hel.**, ouv. de fab.	23
59	**Marsigny Mad.**, sans prof.	22
60	**Burnay Z.**, ménagère	22
61	**Maquet Elm.**, ouvr. fab.	22
62	**Kinique L.**, ménagère	21
63	**Vandeputte H.**, servante	21
64	**Gustin Marg.**, couturière	20
65	**Dauphin Jos.**, tisseuse	20
66	**Wartique Rac.**, sans prof.	20
67	**Roulin G.**, lingère	20
68	**Rasseneux L.**, ouvr. fab.	19
69	**Paquet M.**, sans profession	19
70	**Martin H.**, ouvr. de fab.	19
71	**Fondaire Paul.**, ouvr. fab.	18
72	**Ninite N.**, ménagère	18
73	**Martin M.**, ouvr. de fab.	17
74	**Lempereur J.**, téléphon.	16
75	**Lepas L.**, ouvr. de fabr.	16
76	**Charlier A.**, sans profess.	15

3. En dessous de 15 ans

77	**Althenhoven M.**, s. prof.	14
78	**Bourdon J.**, écolière	13
79	**Baujot M.**, écolière	13
80	**Herman J.**, écolière	13
81	**Roulin H.**, écolière	12
82	**Morelle M.**, écolière	11
83	**Charlier G.**, écolière	9
84	**Meurat E.**, écolière	6
85	**Baujot M.**	5
86	**Goard M.-L.**,	5
87	**Michat A.**,	3
88	**Marchot G.**,	2
89	**Struvay Cl.**,	2
90	**Genon G.**	19 mois
91	**Pollet N.**	12 mois
92	**Fivet M.**	3 sem.

B. VICTIMES DU SEXE MASCULIN

1. Au dela de 60 ans

93	**Ponthieux Fr.**, jardinier	84
94	**Monard J.**, rentier	79
95	**Simon Et.**, rentier	78
96	**Nicaise G.**, rentier	77
97	**Collard Jos.**, anc. cant.	77
98	**Hubin Em.**, plafonneur	77
99	**Laloux V.-L.** tail. de pierre	76
100	**Bietlot Ch.**, sans prof.	76
101	**Houblon Eug.**, batelier	76
102	**Nicaise L.**, rentier	75
103	**Collard Em.**, cordonnier	75
104	**Bon C.**, domestique	74
105	**Bourdon Al.**, négociant	74
106	**Dasty D.**, rentier	74
107	**Piette A.**, journalier	73
108	**Fiévet A.**, sans profession	72
109	**Mercenier N.**, domestique	72
110	**Simonet F.**, rentier	72
111	**Lissoir P.**, cultivateur	71
112	**Barzin L.**, greffier-adjoint	71

113 **Couillard Aug.**, ébéniste 71
114 **Gaudinne Jos.**, vidangeur 71
115 **Dony Ad.**, concierge 70
116 **Materne Jul.**, maraîcher 70
117 **Manteau Edm.**, cabaretier 70
118 **Lion Jos.**, typographe 69
119 **Mathieux Eug.**, ouv. brass. 69
120 **Morelle Jos.**, charron 69
121 **Rouffiange Ch.**, maçon 68
122 **Georges H.**, serrurier 68
123 **Milcamps L.**, anc. éclusier 68
124 **Bouchat Th.**, négociant 68
125 **Disy J.**, magasinier 68
126 **Fastrès Fr.**, maçon 68
127 **Remacle V.**, journalier 68
128 **Seguin J.**, tisseur 67
129 **Piérard O.**, rentier 67
130 **Mathieux Aug.**, commiss. 67
131 **Lagneau Ern.**, ouv. de fab. 67
132 **Ronveaux Em.**, menuisier 66
133 **Arès Em.**, cocher 66
134 **Jacquet Al.**, tisseur 66
135 **Gonze L.**, cordonnier 65
136 **Himmer R.**, direct. de fab. 65
137 **Jacquet J.**, voyag. comm. 65
138 **Gillain Alf.**, mécanicien 64
139 **Vaugin Aug.**, cocher 64
140 **Genot Fél.**, tourn. en fer 64

141 **Schram Eg.**, tourn. en bois 64
142 **Jacquet G.**, meunier 63
143 **Servais Ad.**, anc. secrét. 63
144 **Piret V.**, facteur des postes 63
145 **Michel L.**, boulanger 63
146 **Longville F.**, comm. de pol. 63
147 **Lion Am.**, horloger 63
148 **Ferré P.**, oblat Marie Imm. 63
149 **Capelle Jos.**, cultivateur 62
150 **Migeotte Ad.**, cultivateur 62
151 **Dubois Jos.**, journalier 62
152 **Fonder Fr.**, négociant 62
153 **Bourdon Edm.**, greff-adj. 62
154 **Martin A.**, dom. de ferme 62
155 **Calson Alf.**, menuisier 61
156 **Englebert Al.**, journalier 61
157 **Poncelet H.**, journalier 61
158 **Laffut Is.**, contremaître 61
159 **Kinif Jos.**, boulanger 61
160 **Corbiau P.**, rentier 61
161 **Englebert V.-J.**, garç.-br. 60
162 **Jacquet V.**, ouvr. de fab. 60
163 **Goard Fr.**, sans profession 60
164 **Bony J.-A.**, convers 60
165 **De Muyter G.**, magasinier 60
166 **Colin Aug.**, maçon 60
167 **Finfe Jos.**, ouvrier carrier 60
168 **Martin P.**, coutelier 60

2. DE 59 A 15 ANS

169 **Quoilin D.**, contremaître 59
170 **Lupsin A.**, ouv. carrier 59
171 **Andrianne V.**, concierge 59
172 **Absil L.**, taill. de pierres 59
173 **Lebrun Jos.**, sans prof. 59
174 **Culot Ed.**, négociant 59
175 **Philippart J.**, coup. d'hab. 59
176 **Fivet Aug.**, peintre en bât. 59
177 **Schelbach J.**, bourrelier 59

178 **Séha V.**, tailleur 59
179 **Georges Aug.**, chauffeur 58
180 **Deloge A.** boucher 58
181 **Coupienne Jos.**, cordonn. 58
182 **Mosty Eug.**, ouv. brasseur 58
183 **Lenoir V.**, journalier 58
184 **Michel H.**, journalier 57
185 **Naus Ch.**, mécanicien 57
186 **Vinstock Fr.**, voiturier 57

187	**Kinique Edm.**, magasinier	57	228	**Lecocq L.**, organiste	53
188	**Eliet A.**, tisseur	56	229	**Lepage C.**, voiturier	53
189	**Pécasse Fl.**, tisseur	56	230	**Alardo M.**, fermier	53
190	**Laurent Jos.**, négociant	56	231	**Georges Am.**, employé	53
191	**Quoilin Jos.**, contrem.	56	232	**Fauquet Th.**, tisseur	52
192	**Charlier Aug.**, voiturier	56	233	**Pirson Al.**, ouv. brasseur	52
193	**Bourdon Jos.**, cabaretier	56	234	**Questiaux F.**, tisseur	51
194	**Toussaint Jos.**, tisseur	56	235	**Bulens L.**, ouvr. de fab.	51
195	**Monin N.**, pâtissier	56	236	**Jacqmain Aug.**, tailleur	51
196	**Grandjean D.**, charpentier	56	237	**Mathieu Em.**, mécanicien	51
197	**Delcourt L.**, manœuvre	56	238	**Junius Pr.**, professeur	51
198	**Moussoux L.**, hôtelier	55	239	**Louis Xav.**, contremaître	51
199	**Jacquet H.**, voiturier	55	240	**Dominé N.**, cantonnier	51
200	**Collignon X.**, tisseur	55	241	**Coupienne V.**, ouv. brass.	51
201	**Laforêt C.**, ouvr. brass.	55	242	**Serville G.**, dom. de ferme	51
202	**Louis D.**, contremaître	55	243	**Ravet Fr.**, entrepreneur	50
203	**Duchêne Ern.**, tisseur	55	244	**Migeotte L.**, fileur	50
204	**Rifflart N.**, tisseur	55	245	**Marchal M.**, taill. d'hab.	50
205	**Disy J.**, journalier	55	246	**Péduzy Jos.**, tonnelier	50
206	**Barré G.**, employé	55	247	**Fisette C.**, négociant	50
207	**Simon L.**, peintre en bât.	55	248	**Hardy Ed.**, tisseur	50
208	**Marine Jos.**, ouv. brasseur	55	249	**Dure L.-J.**, journalier	50
209	**Mazy J.-J.**, ouv. brasseur	55	250	**Houblon J.**, tonnelier	50
210	**Lahaye Jos.**, pâtissier	55	251	**Duchêne Em.**, chauffeur	49
211	**Fivet C.**, peintre en bâtim.	55	252	**Casaquy Aug.**, journalier	49
212	**Monin F.**, négociant	55	253	**Giaux V.**, menuisier	49
213	**Gaudinne Fr.**, menuisier	54	254	**Michel L.**, march. chiff.	49
214	**Geudvert Em.**, cordonn.	54	255	**Dury Em.**, cordonnier	49
215	**Coupienne Em.**, cord.	54	256	**Diffrang Em.**, tisseur	49
216	**Broutoux Em.**, pr. comm.	54	257	**Dauphin L.**, tisseur	49
217	**Delvaux H.**, fabr. pianos	54	258	**Mazy Ant.**, menuisier	49
218	**Hansen Al.**, manœuvre	54	259	**Bertulot Ern.**, marbrier	48
219	**Leclerc Ol.**, cultivateur	53	260	**Delaey C.**, tisseur	48
220	**Bouche G.**, cordonnier	53	261	**Goffaux P.**, ouv. de fab.	48
221	**Monin F.**, fileur	53	262	**Dehu V.**, journalier	48
222	**Bulens H.**, fileur	53	263	**Dôme Ad.**, professeur	48
223	**Cartigny H.**, marbrier	53	264	**Mouton J.**, négociant	48
224	**Pire Em.**, sans profession	53	265	**Blanchard H.**, tisseur	48
225	**Monin H.**, tisseur	53	266	**Delvigne J.**, menuisier	48
226	**Quoilin A.**, employé	53	267	**Disy V.**, tisseur	48
227	**Lemer Fr.**, plafonneur	53	268	**Herman A.** p. en bâtim.	48

269 **Charlier Th.**, vitrier 48
270 **Vérenne Arth.**, voiturier 48
271 **Adnet F.**, louag. de voitures 48
272 **Roba Jos.**, agent de police 48
273 **Somme Gr.**, cordonnier 48
274 **Angot Em.**, fileur 48
275 **Godain Cl.**, moul. en sable 48
276 **Maury A.** maréchal-ferr. 48
277 **Poncin J.**, taill. de pierres 48
278 **Culot H.**, maganisier 48
279 **Lebrun H.**, fact. des postes 48
280 **Halloy G.**, maçon 48
281 **Pirson N.**, fact. des postes 48
282 **Piret Jos.**, ouv. de fab. 47
283 **Marchal J.**, magasinier 47
284 **Simonet A.**, employé 47
285 **Monin J.-B.**, tisseur 47
286 **Lahaye Eug.**, boulanger 47
287 **Goffin Eug.**, ouv. brasseur 47
288 **Colle C.**, négociant 47
289 **Patigny H.**, garç. d'hôtel 47
290 **Gaudinne Alph.**, maçon 47
291 **Warzée Oct.**, contremaître 47
292 **Trinteler Eug.**, m. poiss. 47
293 **Absil Jos.**, ouv. de fab. 46
294 **Fondaire Ern.**, taill. pierres 46
295 **Croin L.**, tisseur 46
296 **Maudoux Arm.**, encolleur 46
297 **Grenier Jos.**, journalier 46
298 **Limet J.**, tisseur 46
299 **Warnant P.**, forain 46
300 **Colignon Jos.**, tisseur 46
301 **Lambert Fr.**, tisseur 46
302 **Fécherolle H.**, tisseur 46
303 **Marchot Jos.**, charron 46
304 **Baujot Alf.**, batelier 46
305 **Hamblenne H.**, menuis. 45
306 **Demotte M.**, tisseur 45
307 **Piette Jos.**, boulanger 45
308 **Jacquet Jos.**, garde-chasse 45
309 **Pairoux Alf.**, boucher 45

310 **Gillet Om.**, forgeron 45
311 **Georges Jos.**, tisseur 44
312 **Guillaume Em.**, institut. 44
313 **Jaumaux Cam.**, tisseur 44
314 **Deloge F.**, contremaître 44
315 **Fallay J.**, négociant 44
316 **Dandoy G.**, ouv. brasseur 44
317 **Lemineur J.**, serrurier 44
318 **Fauconnier Th.**, employé 44
319 **Fabry Alb.**, négociant 44
320 **Dubois X.**, colporteur 44
321 **Marchal C.**, tisseur 44
322 **Hauteclaire H.**, ouv. carr. 44
323 **Dehez S.**, agent d'assurance 43
324 **Colignon L.**, tailleur d'hab. 43
325 **Hennuy Al.**, tisseur 43
326 **Junius Jos.**, mécanicien 43
327 **Sinzot L.**, cheminot 43
328 **Cassart H.**, ouv. de fab. 43
329 **Firmin Jos.**, taill. d'hab. 43
330 **Lambert V.**, camionneur 43
331 **Patigny J.-B.**, camionn. 43
332 **Wasseige X.**, banquier 43
333 **Pollet Aug.**, maraîcher 43
334 **Rolin J.**, employé 43
335 **Nepper L.**, cultivateur 42
336 **Masson C.**, contremaître 42
337 **Marette Jos.**, contremaître 42
338 **Corbisier Jos.**, appareill. 42
339 **Colignon V.**, tisseur 42
340 **Bauduin Ed.**, employé 42
341 **Lemaire J.**, boucher 42
342 **Zwollen Jos.**, tisseur 42
343 **Mazy Ul.**, tailleur d'habits 41
344 **Demotte El.**, doucheur 41
345 **Lion Al.**, peintre en bâtim. 41
346 **Henrion Alph.**, tisseur 41
347 **Poncelet V.**, industriel 41
348 **Hiernaux J.**, confiseur 41
349 **Bailly F.**, employé 41
350 **Lemaire J.**, taill. d'habits 41

351 **Nepper Em.**, boucher	41	
352 **Jacquet G.**, boulanger	41	
353 **Modave N.**, cultivateur	40	
354 **Lenain Th.**, contremaître	40	
355 **Prignon Oct.**, recev. com.	40	
356 **Bietlot J.**, ouv. brasseur	40	
357 **Perreu N.-U.**, chan. prém.	40	
358 **Solbrun Eli**, voiturier	40	
359 **Lion Ch.**, taill. d'habits	40	
360 **Monin J.**, brasseur	40	
361 **Noël Al.**, plafonneur	40	
362 **Vilain Al.**, négociant	40	
363 **Fécherolle H.**, plombier	40	
364 **Meurat Alf.**, cordonnier	40	
365 **Charlier S.**, garç de mag.	40	
366 **Charlier H.**, tisseur	40	
367 **Romain C.**, commissionn.	40	
368 **Monty Al.**, rejointoyeur	39	
369 **Simon Fl.**, ouv. de fab.	39	
370 **Michel J.**, magasinier	39	
371 **Masson V.**, contremaître	39	
372 **Bultot Em.**, tisseur	39	
373 **Texhy Jos.**, tisseur	39	
374 **Ravet Jos.**, tourn. en bois	39	
375 **Remy Eud.**, doct. en méd.	39	
376 **Georges Aug.**, t. d'habits	39	
377 **Dujeux Fr.**, camionneur	39	
378 **Collard Fl.**, plafonneur	39	
379 **Fauconnier Aug.**, magas.	39	
380 **Somme C.**, menuisier	39	
381 **Deskeuve J.**, cantonnier	39	
382 **Bourdon L.**, cultivateur	39	
383 **Hardy Oct.**, vannier	39	
384 **Eugène Em.**, cultivateur	39	
385 **Menu H.**, ouv. débardeur	39	
386 **Zwollen Ed.**, march. charb.	38	
387 **Dessy J.**, magasinier	38	
388 **Evrard J.-B.**, tisseur	38	
389 **Marette H.**, employé	38	
390 **Ronveaux Jos.**, menuisier	38	
391 **Feret Alph.**, voiturier	38	
392 **Pécasse Jos.**, ouv. carrier	38
393 **Coupienne H.**, rattacheur	38
394 **Chabotier Jos.**, tisseur	38
395 **Pirot Jos.**, matelassier	38
396 **Panier F.**, pharmacien	38
397 **Mossiat J.**, sommelier	38
398 **Colignon L.**, tisseur	38
399 **Dupont L.**, garde particul.	38
400 **Guillaume Ch.**, négociant	38
401 **Eloy W.**, instituteur	37
402 **Sanglier Jos.**, employé	37
403 **Van Buggenhout J.**, ouv.	37
404 **Laforêt Jos.**, tisseur	37
405 **Polita L.**, tisseur	37
406 **Ravet Fr.**, tourn. en bois	37
407 **Binamé Alph.**, cimentier	37
408 **Collard H.**, plafonneur	37
409 **Donné Cam.**, tisseur	36
410 **Georges Alf.**, tisseur	36
411 **Hottelet Arth.**, ouv. de fab.	36
412 **Cassart Fr.**, ouv. de fab.	36
413 **Hennuy G.**, tisseur	36
414 **Michel L.**, employé	36
415 **Coupienne Jos.**, tisseur	36
416 **Georges Cam.**, boulanger	36
417 **Donnay L.**, peintre en bât.	36
418 **Milcamps J.**, aide-éclusier	36
419 **Jacquet L.**, tisseur	36
420 **Winand A.-J.**, taill. d'hab.	36
421 **Georges Al.**, menuisier	36
422 **Dobbeleer J.**, confiseur	36
423 **Hubert Oct.**, ag. de police	36
424 **Fivet Aug.**, comptable	36
425 **Jaumot Al.**, journalier	36
426 **Bouille Am.**, mar.-ferrant	36
427 **Vanderhaegen Arth.**, tiss.	36
428 **Burniaux Ern.**, coup. d'h.	36
429 **Carriaux Ch.**, manœuvre	36
430 **Capelle Jos.**, fact. des post.	35
431 **Disy L.**, ouv. de fabrique	35
432 **Genet Alf.**, cuisinier	35

433	**Bultot N.**, camionnneur	35	474	**Flostroy Em.**, boulanger	31
434	**Dauphin D.**, magasinier	35	475	**Fonder J.-B.**, architecte	31
435	**Charlier J.**, journalier	35	476	**Maurer Oct.**, ouv. brass.	31
436	**Georges Ad.**, menuisier	34	477	**Février, G.** ouv. tanneur	31
437	**Warnant A.**, journalier	34	478	**Guerry Jos.**, employé	31
438	**Bultot Al.**, cultivateur	34	479	**Paquet Arm.**, chaudronn.	30
439	**Couillard Arm.**, ébéniste	34	480	**Collignon Cam.**, tisseur	30
440	**Paquet L.**, pharmacien	34	481	**Warnant U.**, journalier	30
441	**Vilain F.**, prof. de musique	34	482	**Libert N.**, cocher	30
442	**Laforêt Alph.**, tisseur	34	483	**Banse G.**, tisseur	30
443	**Hautôt Jos.**, cultivateur	34	484	**Fauquet L.**, coiffeur	30
444	**Disy G.**, ouv. de fabrique	34	485	**Haustenne Em.**, ouv. carr.	30
445	**Pinsmaille Ch.**, typogr.	34	486	**Henry Cam.**, ouv. de fab.	30
446	**Lissoir Cam.**, boucher	33	487	**Winand V.**, cordonnier	30
447	**Fécherolle Jos.**, tisseur	33	488	**Barthélemy G.**, ouv. fab.	30
448	**Quoilin F.**, employé	33	489	**Romain H.**, ouv. de ferme	30
449	**Bradt Jul.**, cordonnier	33	490	**Thianche D.**, magasin.	30
450	**Arès Arm.**, menuisier	33	491	**Bourguet Eug.**, journal.	30
451	**Thirifays L.**, rentier	33	492	**Hautot Em.**, cultivateur	30
452	**Février Eug.**, magasinier	33	493	**Herman Jos.**, journalier	29
453	**Lebrun A.** taill. d'hab.	33	494	**Jacquet Cam.**, tisseur	29
454	**Bastin H.**, fact. des postes	33	495	**Bultot Jos.**, cultivateur	29
455	**Piraux Ad.**, mar. de best.	32	496	**Belot J.**, journalier	29
456	**Dewez Fr.**, maréch-ferrant	32	497	**Hopiard Em.**, employé	29
457	**Migeotte Em.**, voiturier	32	498	**Bourguignon J.-B.**, cam.	29
458	**Rouffiange D.**, tisseur	32	499	**Ledent G.**, terrassier	29
459	**Baclin J.**, marbrier	32	500	**Monin H.**, ouv. de fabrique	28
460	**Polita J.**, menuisier	32	501	**Cartigny L.**, ouv. de fab.	28
461	**Poncelet P.**, tisseur	32	502	**Quoilin Ans.**, employé	28
462	**Toussaint L.**, encolleu.	32	503	**Lion Jos.**, voyag. comm.	28
463	**Coupienne Cam.**, boulang	32	504	**Georges L.**, employé	28
464	**Fontaine D.**, cabaretier	32	505	**Sauvage Jos.**, tisseur	28
465	**Belot Ch.**, journalier	32	506	**Huberland Cam.**, empl.	28
466	**Finfe J.**, tisseur	32	507	**Gelinne G.**, ouv. carross.	28
467	**Lamberty L.**, tonnelier	32	508	**Gillet J.**, marbrier	28
468	**Anclaux R.**, ag. de police	32	509	**Watrisse Em.**, tisseur	28
469	**Sovet Em.**, cuisinier	32	510	**Schram Arth.**, tisseur	28
470	**Clette L.**, garde particul.	32	511	**Monin P.**, tisseur	27
471	**Habran Em.**, tonnelier	31	512	**Henry D.**, fileur	27
472	**Bultot J.**, cultivateur	31	513	**Paquet Arm.**, tourn. en b.	27
473	**Laforêt X.**, ouv. brasseur	31	514	**Michel E.**, taill. d'habits	27

515	**Lion J.**, horloger	27
516	**Ory Alph.**, boulanger	27
517	**Mossiat Fr.**, confiseur	27
518	**Renard Alb.**, cocher	27
519	**Gelinne G.**, taill. d'habits	27
520	**Bétemps Aug.**, jardinier	27
521	**Lamour Em.**, ébéniste	27
522	**Monin Ch.**, ouv. de fab.	26
523	**Darville Arth.**, employé	26
524	**Mazy L.**, tisseur	26
525	**Bulens Alf.**, fileur	26
526	**Servais G.**, ébéniste	26
527	**Lion Arth.**, tisseur	26
528	**Jassogne L.**, cordonnier	26
529	**Somme H.**, boulanger	26
530	**Grigniet Fr.**, employé	26
531	**Leclerc P.**, cultivateur	25
532	**Cartigny H.**, ouv. de fab.	25
533	**Charlot L.**, tisseur	25
534	**Gonze Fr.**, menuisier	25
535	**Monin Arth.**, tisseur	25
536	**Brihaye Alf.**, garç. d'hôtel	25
537	**Vinstock F.**, tisseur	25
538	**Somme Ad.**, électricien	25
539	**Fivet F.**, ébéniste	25
540	**Culot Fl.**, entrepreneur	24
541	**Warnant F.**, journalier	24
542	**Vérenne Arth.**, tisseur	24
543	**Gaudinne Ed.**, menuisier	24
544	**Delaey Em.**, tisseur	24
545	**Toussaint V.**, fontainier	24
546	**Culot G.**, ouv. de fabrique	24
547	**Demillier A.** garç. d'hôt.	24
548	**Jacquet G.**, cultivateur	23
549	**Laforêt Ad.**, ouv. de fab.	23
550	**Deloge Edm.**, boucher	23
551	**Servais L.**, boulanger	23
552	**Delaey Cam.**, rattacheur	23
553	**Barthélemy J.-B.**, tiss.	23
554	**Wilmotte Cam.**, rec. tram.	23
555	**Mathieux Fr.**, taill. d'hab.	23
556	**Finfe J.**, ouv. de fabrique	23
557	**Bovy C.**, chauffeur d'aut.	23
558	**Roulin Jos.**, magasinier	23
559	**Martin Jos.**, ouv. de fab.	23
560	**Etienne Aug.**, voiturier	23
561	**Thomas J.-E.**, boulanger	23
562	**Poncelet G.**, ouv. gazier	22
563	**Fauquet A.-Z.**, tisseur	22
564	**Sauvage Aug.**, employé	22
565	**Neuret Aug.**, tisseur	22
566	**Colle H.**, peintre en bâtim.	22
567	**Simon Aug.**, vannier	22
568	**Paquet Fl.**, fileur	22
569	**Pire Ant.**, tisseur	21
570	**Lenel Aug.**, coiffeur	21
571	**Kestemont Fr.**, garç. café	21
572	**Libert L.**, ouv. de fabrique	21
573	**Hénenne R.**, tisseur	20
574	**Dachelet Cam.**, domest.	20
575	**Lejeune Ch.**, tourn. bois	20
576	**Delaey Arth.**, tisseur	20
577	**Bultot Alph.**, employé	20
578	**Louis D.**, employé	20
579	**Piette Ad.**, voyag. comm.	20
580	**Delaey Ph.**, ouvrier	20
581	**Perez V.-V.**, domestique	20
582	**Vérenne G.**, employé	20
583	**Wasseige P.**, étudiant	20
584	**Colle G.**, étudiant	20
585	**Alardo Is.**, cultivateur	20
586	**Didion C.**, garçon d'hôtel	20
587	**Mouton R.**, employé	19
588	**Migeotte Cam.**, tisseur	19
589	**Monin Eug.**, ouv. de fab.	19
590	**Lebrun Jos.**, taill. d'hab.	19
591	**Firmin Al.**, taill. d'habits	19
592	**Wasseige J.**, étudiant	19
593	**Kinique Jos.**, diamant.	19
594	**Vinstock L.**, tisseur	19
595	**Goffaux M.**, rattacheur	18
596	**Jaumaux G.**, ouv. de fab.	18

597 **Laforêt Cam.**, ouv. de fab. 18
598 **Servais L.**, tourn. en bois 18
599 **Louis V.**, étudiant 18
600 **Marchal H.**, tailleur d'hab. 18
601 **Hennuy J.**, tisseur 18
602 **Ansotte H.**, étudiant 18
603 **Sibret Alf.**, cultivateur 18
604 **Chabotier J.**, tisseur 18
605 **Somme L.**, électricien 18
606 **Firmin L.**, typographe 18
607 **Alardo Jos.**, cultivateur 18
608 **Dauphin Cam.**, tisseur 18
609 **Gaudinne R.**, sans prof. 18
610 **Petit Jos.**, ouv. de fab. 17
611 **Dachelet Z.**, domestique 17
612 **Geudvert Alb.**, tisseur 17
613 **Godinne G.**, journalier 17
614 **Lenain Th.**, employé 17
615 **Corbisier Fr.**, appareill. 17
616 **Cassart Al.**, ouv. de fab. 17
617 **Vérenne M.**, ébéniste 17
618 **Roucoux Edm.**, cordonn. 17
619 **Lemaire Cam.**, boucher 17
620 **Fécherolle M.**, tisseur 17
621 **Morelle J.**, étudiant 17
622 **Bourdon H.**, étudiant 17

623 **Alardo M.**, cultivateur 17
624 **Nepper Em.**, étudiant 16
625 **Delaey G.**, rattacheur 16
626 **Fondaire R.**, tisseur 16
627 **Gaudinne J.**, menuisier 16
628 **Migeotte H.**, rattacheur 16
629 **Collignon A.** ouv. de fab. 16
630 **Chabotier L.** ouv. de fab. 16
631 **Feret L.**, ouv. de fabrique 16
632 **Roucoux M.**, tisseur 16
633 **Firmin Jos.**, appr.-mécan. 16
634 **Colle L.**, étudiant 16
635 **Colignon G.**, tisseur 16
636 **Charlier M.**, employé 16
637 **Migeotte A.** rattacheur 15
638 **Hennuy M.**, tisseur 15
639 **Goffin Eug.**, domestique 15
640 **Deloge Eug.**, tisseur 15
641 **Thibaux Edm.**, étudiant 15
642 **Louis B.**, ouv. de fabrique 15
643 **Vinstock J.**, étudiant 15
644 **Sorée V.**, ouv. de fab. 15
645 **Baras Aug.**, étudiant 15
646 **Pollet Ed.**, tisseur 15
647 **Zwollen G.**, tisseur 15

3. En dessous de 15 ans

648 **Migeotte C.**, sans prof. 14
649 **Fondaire M.**, sans prof. 14
650 **Monin Alph.**, tisseur 14
651 **Hennuy G.**, ouv. de fab. 14
652 **Bultot C.-J.-Gh.**, tisseur 14
653 **Gillain R.**, tisseur 14
654 **Lemer Ch.**, écolier 13
655 **Petit N.**, écolier 12
656 **Kinique J.**, écolier 12
657 **Struvay R.**, écolier 11
658 **Dupont R.**, écolier 10

659 **Gustin Edm.**, écolier 10
660 **Bultot N.**, écolier 9
661 **Dupont Jos.**, écolier 8
662 **Gaudinne Fl.**, écolier 7
663 **Meurat Em.**, écolier 7
664 **Bovy M.** 4
665 **Meurat V.** 2 ans et demi
666 **Bétemps M.** 19 mois
667 **Balleux F.** 16 mois
668 **Bourguignon Edm.** 16 mois
669 **Rodrigue J.** 6 mois

RÉCAPITULATION

Victimes du sexe féminin :

1. Au-delà de 60 ans .... 18 ⎫
2. De 59 à 15 ans .... 58 ⎬ **92**
3. En-dessous de 15 ans .... 16 ⎭

Victimes du sexe masculin :

1. Au-delà de 60 ans .... 76 ⎫
2. De 59 à 15 ans .... 479 ⎬ **577**
3. En dessous de 15 ans .... 22 ⎭

Inconnus **5**

La plus âgée des victimes avait 88 ans ; quatorze ne dépassaient pas 5 ans ; la plus jeune avait 3 semaines.

* * *

A ces chiffres déjà si éloquents, ajoutons-en un autre.

Dans la traversée des deux provinces belges de Namur et de Luxembourg, les IIe, IIIe, IVe, et Ve armées allemandes ont mis à mort 2,812 civils ! (1)

---

(1) « *L'histoire de l'invation allemande dans les provinces de Namur et de Luxembourg* ». de SCHMITZ et NIEUWLAND, raconte les circonstances tragiques dans lesquelles succombèrent chacune de ces 2.812 victimes.

IMPRIMERIE J. DUCULOT, GEMBLOUX (BELGIQUE).